全国“八五”普法教材
公民法治素养提升丛书 2

U0817077

国家工作人员

GUOJIA GONGZUO RENYUAN

应知应会
法律知识学习手册

YINGZHI YINGHUI
FALÜ ZHISHI XUEXI SHOUCE

以案普法版

中国法制出版社
CHINA LEGAL PUBLISHING HOUSE

丛书总序

2021 年是“十四五”开局之年，我们党将迎来建党 100 周年。今年也是“八五”普法启动实施的第一年。为了深入学习宣传贯彻习近平法治思想及中央全面依法治国工作会议精神，增强“四个意识”、坚定“四个自信”、做到“两个维护”，主动适应我国进入新发展阶段、贯彻新发展理念、构建新发展格局的需要，配合“八五”普法规划的启动实施，着力在提高普法的针对性、实效性上下功夫，推动普法工作高质量发展，切实以习近平法治思想武装头脑、指导实践，引领新发展阶段全民普法工作，把习近平法治思想落实到普法工作全过程、各环节，中国法制出版社组织法律领域的相关专家编写了本套“公民法治素养提升丛书”。

本套丛书根据《中央宣传部、司法部关于开展法治宣传教育的第八个五年规划（2021－2025 年）》的部署和精神，把习近平法治思想宣传同普法宣传结合起来，旨在进一步提升公民法治素养，推动全社会尊法学法守法用法，引导全社会坚定不移走中国特色社会主义法治道路。丛书将读者群分为公民、领导干部、国家工作人员、企业职工、农民、青少年、老年人、企业经营管理人员、村（社区）“两委”干部等不同群体，根据不同读者群的不同法律需求精心选取各读者群体工作或生活中常见的案例，深入剖析案例背后所含的法律知识，以期培养各读者群体的法律意识，提升公民法治素养。书中内容按照案情介绍、法律解析、法条链接三个部分的体例展开，从专业法律分析的角度作出详细而全面的解答，并附录相关法律条文方便读者查找法律依据。希望本套丛书能够让人民群众读得懂、传得开、用得上，助力全国“八五”普法工作。

前　言

在我国，国家工作人员肩负着管理公共事务、为人民和社会服务的重任，其是否具有良好的素质，关乎着国家形象。而具备良好素质的要素之一，就是知法、守法、依法办事、依法行政。如果国家工作人员不具备必要的法律素质，必然会导致有法不依、执法不严、违法不究等现象。

《中共中央关于全面推进依法治国若干重大问题的决定》中指出："目前，中国特色社会主义法律体系已经形成，法治政府建设稳步推进，司法体制不断完善，全社会法治观念明显增强。但是，也存在一些问题。如有法不依、执法不严、违法不究现象比较严重，执法体制权责脱节、多头执法、选择性执法现象仍然存在，执法司法不规范、不严格、不透明、不文明现象较为突出，群众对执法司法不公和腐败问题反映强烈……"此外，《关于完善国家工作人员学法用法制度的意见》中也指出："国家工作人员学法用法是全面依法治国的基础性工作，是深入推进社会主义核心价值观建设的重要内容，是切实加强干部队伍建设的有效途径。"

因此，为加强国家工作人员队伍的法治建设，提高国家工作人员自身法律修养，坚决做到依法执政、依法行政，建立权责统一、权威高效的依法行政体制，加快建设职能科学、权责法定、执法严明、公开公正、廉洁高效、守法诚信的法治政府，我们每一位国家工作人员都应该从自身做起，注重对法律知识的学习。为了配合广大国家工作人员学习和了解相关法律知识，我们特别编写了《国家工作人员应知应会法律知识学习手册》一书。

在内容上，本书主要有以下三方面：

第一，案情介绍。我们针对国家工作人员选取了各种常见案例，用简练、通俗、生动的语言加以整理汇编，向大家展示了一个个似乎可以亲眼所见的故事，并引发大家思考，激发大家学习法律知识的兴趣。

第二，法律解析。针对上面案例中的案情介绍，我们从专业律师的角度给大家作出了详细而全面的解答，为大家解惑，使其获得相关的法律知识。

第三，法条链接。在前面案例解析之后，我们又及时地列明了相关的法律条文，给大家一个宏观学习和了解法律专业知识的机会，从而更能加深对某一法律知识点的理解。

在特色上，本书主要有以下两方面：

第一，全面实用。本书囊括了与国家工作人员有关的各种法律知识，相当全面，并且案例情景与法律知识点都是每个国家工作人员可能面临或遇到的，非常实用。

第二，通俗便捷。本书避开了法言法语，使用了通俗易懂的语言，力求把法律知识简易地传递给大家；在便捷性上，主要体现为大家能通过对小目录的查找，轻松找到相关的法律知识点，可谓一查便知。

当然，由于时间和水平的限制，书中难免有不妥之处，敬请批评指正！

目　录

第一章　公务员法

第二章　公务员考核

第三章　公务员录用调任与职务职级

第四章　公务员培训

第五章　公务员奖励

第六章　公职人员政务处分法

第七章　保守国家秘密法

第八章　行政许可法

第九章　行政处罚法

第十章　治安管理处罚法

第十一章　行政强制法

第十二章　国家赔偿法

第十三章　纪检监察

第十四章　违法犯罪

第一章

公务员法

公务员是依法履行公职、纳入国家行政编制、由国家财政负担工资福利的工作人员。公务员应当坚定正确政治方向，坚持求真务实的工作作风，全心全意为人民服务。作为一名公务员应该时刻谨记自己的权利与义务，依法履行自己的职责，合法享有自己的权利，不去触碰法律的底线。在现实工作生活中，一些公务员对于自己到底享有哪些权利，应该履行哪些义务，甚至是自己职业的一些基本法律知识都不是很清楚。所以，这就需要公务员学习了解一些相关的法律知识。这样一方面可以使自己依法履行职责，明确在工作中应该怎样做；另一方面在自己的权利被侵害时，也懂得运用法律来维护自己的合法权益，进而在工作中明确方向，在自己的岗位上作出应有的贡献。

1. 公务员依法需要履行哪些义务？

案　情

2020年4月，即将毕业的小宁打算考取公务员，由于其所学专业是行政管理，因此，她选择报考了某市政府的一个部门。在经过激烈的竞争之后，小宁最终以总成绩第一的名次被该部门录取。毕业之后，小宁便在家等待单位通知自己去上班。一天，小宁在和正在上高中的妹妹聊天时，妹妹表示非常羡慕小宁这份公务员工作。但妹妹又好奇地想知道公务员除了享有权利外，还需要承担哪些义务。此时，小宁很尴尬，自己虽然已经考上了公务员，但是，公务员具体要履行哪些义务，自己还真不清楚。那么小宁在成为一名公务员之后，需要履行哪些义务呢？

解　析

根据《公务员法》第十四条的规定，公务员应当履行下列义务：（1）忠于宪法，模范遵守、自觉维护宪法和法律，自觉接受中国共产党领导；（2）忠于国家，维护国家的安全、荣誉和利益；（3）忠于人民，全心全意为人民服务，接受人民监督；（4）忠于职守，勤勉尽责，服从和执行上级依法作出的决定和命令，按照规定的权限和程序履行职责，努力提高工作质量和效率；（5）保守国家秘密和工作秘密；（6）带头践行社会主义核心价值观，坚守法治，遵守纪律，恪守职业道德，模范遵守社会公德、家庭美德；（7）清正廉洁，公道正派；（8）法律规定的其他义务。由此可知，公务员不仅要在工作上尽职尽责，与此同时，作为国家机关的工作人员，公务员的一言一行都代表着国家形象，因此，其也要全心全意为人民服务，维护国家的安全和利益。

法　条

《中华人民共和国公务员法》

第十四条　公务员应当履行下列义务：

（一）忠于宪法，模范遵守、自觉维护宪法和法律，自觉接受中国共产党领导；

（二）忠于国家，维护国家的安全、荣誉和利益；

（三）忠于人民，全心全意为人民服务，接受人民监督；

（四）忠于职守，勤勉尽责，服从和执行上级依法作出的决定和命令，按照规定的权限和程序履行职责，努力提高工作质量和效率；

（五）保守国家秘密和工作秘密；

（六）带头践行社会主义核心价值观，坚守法治，遵守纪律，恪守职业道德，模范遵守社会公德、家庭美德；

（七）清正廉洁，公道正派；

（八）法律规定的其他义务。

2. 公务员依法可以享有哪些权利？

案　情

李某是某政法院校的一名大学生，即将面临就业。在就业方向的选择上，李某思路很清晰，就是成为一名律师，为此，他也努力地通过了司法考试。但是，父母并不赞同他的选择，而是希望李某能报考公务员，李某咨询自己在法院工作的表哥谢某应该如何选择。表哥给他分析了两种职业的利弊，并告诉他自己当时在就业时的想法。同时，谢某对李某说公务员可以享有一些与普通劳动者不同的权利。那么请问，公务员依法可以享有哪些权利呢?

解　析

公务员与普通的劳动者一样，既享有权利，也需要履行义务。根据我国《公务员法》第十五条的规定，公务员享有下列权利：(1) 获得履行职责应当具有的工作条件；(2) 非因法定事由、非经法定程序，不被免职、降职、辞退或者处分；(3) 获得工资报酬，享受福利、保险待遇；(4) 参加培训；(5) 对机关工作和领导人员提出批评和建议； (6) 提出申诉和控告；(7) 申请辞职；(8) 法律规定的其他权利。据此可知，公务员除了享有在工作上的相关权利，如参加培训、享受福利、待遇、不得被随意辞退等权利外，还可以对机关工作和领导人员提出批评和建议及申诉和控告。

法　条

《中华人民共和国公务员法》

第十五条　公务员享有下列权利：

(一) 获得履行职责应当具有的工作条件；

(二) 非因法定事由、非经法定程序，不被免职、降职、辞退或者处分；

（三）获得工资报酬，享受福利、保险待遇；

（四）参加培训；

（五）对机关工作和领导人员提出批评和建议；

（六）提出申诉和控告；

（七）申请辞职；

（八）法律规定的其他权利。

3. 公务员在外兼职的行为违法吗？

案　情

董某是某市人民法院民事审判庭的一名法官，在人民法院已经工作了十几年，不仅有丰富的工作经验，而且也具有很高的学历。几个月前，董某在某政法院校取得了博士学位。鉴于董某高超的学术水平和丰富的实践经验，某大学便聘用董某为该校法学院的硕士生导师。董某除了负责指导硕士生之外，还会定期到学校讲课。此外，由于董某的工作阅历比较丰富，该市电视台的一个法治栏目经常会邀请他去做节目，为广大群众普及法律知识，解答疑难问题。在他每次做节目时，电视台都会按照标准给董某一定的报酬。那么请问，董某作为一名法官，能够再兼职其他工作吗？

解　析

公务员在外兼职是有条件的。根据《公务员法》第四十四条规定，公务员因工作需要在机关外兼职，应当经有关机关批准，并不得领取兼职报酬。由此可见，法律对公务员在外兼职是有严格的限制的，公务员在外兼职必须是因工作需要，且要经过有关机关的批准，此外，其是不可以领取兼职的报酬的，即只能无偿兼职。所以，在本案中，董某在电视台做节目的兼职是为法律所禁止的，如果其是因工作需要，要经过批准，而且在外兼职不能收取报酬。但是，如果董某在某高校里授课担任硕士生导师，那么这种行为是合法的，根据我国《法官行为规范》第八十三条规定，法官在不影响审判工作的前提下，可以利用业余时间从事写作、授课等活动。

法　条

《中华人民共和国公务员法》

第四十四条　公务员因工作需要在机关外兼职，应当经有关机关批准，并不得领取兼职报酬。

《法官行为规范》

第八十三条　从事写作、授课等活动

（一）在不影响审判工作的前提下，可以利用业余时间从事写作、授课等活动；

（二）在写作、授课过程中，应当避免对具体案件和有关当事人进行评论，不披露或者使用在工作中获得的国家秘密、商业秘密、个人隐私及其他非公开信息；

（三）对于参加司法职务外活动获得的合法报酬，应当依法纳税。

4. 作为一名公务员，应该遵守哪些纪律规定？

案情

小明在研究生毕业之后，考入了某市的检察院，成为一名公务员。刚开始，小明工作非常认真，每天都按时上班。可是，工作了一年之后，小明越来越觉得工作没有意思，每天都是重复性的工作，而且自己都工作一年了，还总是让自己做一些最基本的工作，太大材小用了。后来，领导给他分配的工作他总是不按时完成，即便完成了也是错误百出，非常不认真。此外，小明还经常迟到早退。有一次，因为他的工作不认真，导致在向法院移送案卷的过程中，有一部分材料没有移送过去，幸亏被及时发现，才避免了严重后果的出现。请问，小明在工作中是否违反了公务员的纪律？公务员应该遵守哪些纪律？

解析

小明的做法违反了有关公务员的纪律规定。作为一名公务员，在工作中更应该认真负责，依法履行自己的职责。对此，《公务员法》第五十九条明确要求公务员应当遵纪守法，有担当，主动作为，不得玩忽职守，贻误工作；不得拒绝执行上级依法作出的决定和命令。此外，该法还要求公务员要遵守职业道德，维护国家的利益，公正廉洁，不得弄虚作假，误导、欺骗领导和公众等。因此，在本案中，小明作为一名公务员，应该以更加严格的标准要求自己。但是小明不仅经常迟到早退，而且对待工作也不认真负责，差点造成重大的错误，其行为已经违反了公务员的纪律规定，相关单位应该依据情节的轻重对小明予以相应的处罚。

法　条

《中华人民共和国公务员法》

第五十九条　公务员应当遵纪守法，不得有下列行为：

（一）散布有损宪法权威、中国共产党和国家声誉的言论，组织或者参加旨在反对宪法、中国共产党领导和国家的集会、游行、示威等活动；

（二）组织或者参加非法组织，组织或者参加罢工；

（三）挑拨、破坏民族关系，参加民族分裂活动或者组织、利用宗教活动破坏民族团结和社会稳定；

（四）不担当，不作为，玩忽职守，贻误工作；

（五）拒绝执行上级依法作出的决定和命令；

（六）对批评、申诉、控告、检举进行压制或者打击报复；

（七）弄虚作假，误导、欺骗领导和公众；

（八）贪污贿赂，利用职务之便为自己或者他人谋取私利；

（九）违反财经纪律，浪费国家资财；

（十）滥用职权，侵害公民、法人或者其他组织的合法权益；

（十一）泄露国家秘密或者工作秘密；

（十二）在对外交往中损害国家荣誉和利益；

（十三）参与或者支持色情、吸毒、赌博、迷信等活动；

（十四）违反职业道德、社会公德和家庭美德；

（十五）违反有关规定参与禁止的网络传播行为或者网络活动；

（十六）违反有关规定从事或者参与营利性活动，在企业或者其他营利性组织中兼任职务；

（十七）旷工或者因公外出、请假期满无正当理由逾期不归；

（十八）违纪违法的其他行为。

5. 公务员的工资主要包含哪几项内容？

案情

小玲是某政法院校的一名法学研究生，参加了浙江省公务员考试。在经过激烈的竞争之后，她最终以总成绩第一被浙江省某市中级人民法院录取。后来，她便来到该法院开始了自己的工作生涯。工作了一个月之后，她拿到了自己的第一份工资，心里很高兴。小玲非常珍惜自己的这份工作，对领导交代的每一项工作都非常认真。一年之后，她试用期通过，被正式录用。后来，她的一个妹妹也面临着就业选择的问题，不知道自己到底是考公务员还是到公司工作，于是向小玲咨询公务员工资的相关情况。然而，当她问到小玲的工资是由哪几部分组成时，小玲并不是很清楚。那么请问，公务员的工资主要包含哪几项内容呢？

解析

根据我国《公务员法》第八十条的规定，公务员工资包括基本工资、津贴、补贴和奖金。公务员按照国家规定享受地区附加津贴、艰苦边远地区津贴、岗位津贴等津贴。公务员按照国家规定享受住房、医疗等补贴、补助。公务员在定期考核中被确定为优秀、称职的，按照国家规定享受年终奖金。公务员工资应当按时足额发放。由此可知，公务员工资由基本工资、津贴、补贴、奖金四部分组成。基本工资是工资结构的主体，也是确定公务员退休金、抚恤金等项目的主要依据。津贴、补贴和奖金则是公务员工资的重要组成部分和补充。其中津贴根据各个地区的不同所发放的数额、时间等也是有所区别的，公务员可以享受的津贴包括地区附加津贴、艰苦边远地区津贴、岗位津贴等。而补贴则主要是体现在住房、医疗等方面国家对公务员的补助。此外，公务员工作认真，在考核中如果是优秀或者称职的，还会有一定的年终奖金。

法 条

《中华人民共和国公务员法》

第八十条 公务员工资包括基本工资、津贴、补贴和奖金。

公务员按照国家规定享受地区附加津贴、艰苦边远地区津贴、岗位津贴等津贴。

公务员按照国家规定享受住房、医疗等补贴、补助。

公务员在定期考核中被确定为优秀、称职的，按照国家规定享受年终奖金。

公务员工资应当按时足额发放。

6. 公务员需要符合哪些条件才可以晋升职务？

案 情

董某在大学毕业之后考取了某市市场监管局的公务员，并且在经过一年的试用期之后被正式录用。他在工作了两年之后，为了增强自己的工作能力，通过自己的努力又考上了某大学的在职研究生。2020年2月，该市场监管局的办公室主任被调到了其他的部门，由于董某平时工作非常认真负责，各方面的能力很强，而且学历也比较高，因此，该局的局长准备推荐董某来做办公室主任，大家对此也都很认同，觉得他能够胜任这个职位。可是，在董某提交相关材料之后，有关人员对材料进行审查时发现，就在一个月之前，董某因为和别人发生冲突，将别人打伤，还因此被行政拘留，被单位给予了警告的处分。因此，审查人员认为董某不符合晋升领导职务的条件，没有批准他的升职。对此，董某认为这很不公平，不能因为所犯的一点错误，就把自己全盘否定了。那么请问，公务员如果要晋升职务需要符合哪些条件呢？

解　析

我国《公务员法》第四十五条第一款规定，公务员晋升领导职务，应当具备拟任职务所要求的政治素质、工作能力、文化程度和任职经历等方面的条件和资格。由此可知，只要公务员满足上述四项要求就可以晋升领导职务。具备思想政治素质要求公务员能够全心全意为人民服务，品行端正，正确运用职权、廉洁奉公、遵纪守法，并能与不良和不法行为作斗争。工作能力主要考察公务员的工作实绩和工作成果。文化程度是一个硬性的标准，相关的学历证明即可以予以证实。而任职经历要求公务员具备晋升该职务所要求的工作经历。当被考察的公务员满足上述条件时，即可晋升领导职务。

在本案中，董某工作能力强，对待工作认真负责，而且已经是研究生学历，并且他在自己的工作岗位上已经工作了一定的年限。因此，毋庸置疑，公务员晋升领导职务的工作能力、文化程度、任职经历等要求他都是满足的。但是，他曾因和别人打架而被公安机关行政拘留，触犯了法律的规定，显然是不符合第一项要求的。因此，董某是不能晋升职务的。

法　条

《中华人民共和国公务员法》

第四十五条　公务员晋升领导职务，应当具备拟任职务所要求的政治素质、工作能力、文化程度和任职经历等方面的条件和资格。

公务员领导职务应当逐级晋升。特别优秀的或者工作特殊需要的，可以按照规定破格或者越级晋升。

7. 未满国家规定的最低服务年限的公务员可以辞职吗?

案　情

童某是某重点大学的一名毕业生，大学期间学习的是工商管理专业，毕业之后，其按照父母的意愿考进了某市市场监管局。经过一年的试用期之后，童某被正式录用。经过这段时间的工作，童某越来越觉得公务员这个职业并不是自己所追求和向往的，感觉更喜欢在公司里工作。童某认为虽然每天在单位也很充实，可是自己不太喜欢这种生活。因此，在工作了两年之后，童某准备辞职。但是，在他向单位提出辞职时，领导说他现在还没有满国家规定的最低服务年限，因此是不能辞职的。童某为此感觉到很委屈，觉得辞职应该是自己的权利，为什么还要限制自己的工作年限，他认为单位的这种做法是错误的。那么请问，未满国家规定的最低服务年限的公务员可以辞职吗？

解 析

未满国家规定的最低服务年限的公务员是不可以辞职的。我国《公务员法》第八十六条明确规定了公务员不得辞去公职的五种情形，其中第一项就明确指出未满国家规定的最低服务年限的公务员，不得辞去公职。因此，虽然公务员不会像用人单位一样与劳动者签订劳动合同，规定工作期限，但是，法律对此也是有最低的工作期限要求的。另外，中共中央组织部、人力资源和社会保障部印发的《新录用公务员任职定级规定》第六条规定，新录用公务员在机关最低服务年限为五年（含试用期）。据此可知，在被录用为公务员之后，必须在单位工作满五年之后，才能够辞职。因此，在本案中，该局领导的说法是正确的，童某在单位还未达到最低的服务年限，所以是不能够辞去公职的。如果要辞职，童某必须在工作满五年之后。

法 条

《中华人民共和国公务员法》

第八十六条 公务员有下列情形之一的，不得辞去公职：

（一）未满国家规定的最低服务年限的；

（二）在涉及国家秘密等特殊职位任职或者离开上述职位不满国家规定的脱密期限的；

（三）重要公务尚未处理完毕，且须由本人继续处理的；

（四）正在接受审计、纪律审查、监察调查，或者涉嫌犯罪，司法程序尚未终结的；

（五）法律、行政法规规定的其他不得辞去公职的情形。

《新录用公务员任职定级规定》

第六条　新录用公务员在机关最低服务年限为五年（含试用期）。

8. 无故旷工的公务员会被辞退吗？

案　情

肖某是某市的一名公务员。自从参加工作以来，肖某对待工作的态度非常认真负责，从不迟到早退，非常受领导的赏识。但是，自从去年家里发生了一些变故之后，肖某就变得很神秘，不仅在工作时很不集中注意力，而且从来不主动与其他人交流，甚至在工作中经常出错。为此，肖某的领导找过他多次，告诉他不能耽误了工作，可是肖某依旧如此。甚至有好几次，肖某都是不请假就不来上班，每次一消失就是几天，领导打电话也没有人接，根本联系不上他。就这样持续了一年，最后在年终进行考核时，肖某旷工的天数居然达到了四十天。单位领导对其进行教育之后，肖某还是没有改变，于是，单位便将肖某予以辞退。那么请问，公务员无故旷工，单位能够将其辞退吗？

解　析

公务员如果无故旷工，单位是可以将其辞退的。虽然公务员在任职时，大部分都是通过考试审核，层层选拔而确定的。但是，其并不是经过试用期成为正式的公务员之后，就会一劳永逸。如果公务员在被录用之后，无法胜任自己的工作或者对待工作不负责，那么单位仍然是有权将其辞退的。对此，我国《公务员法》第八十八条明确规定，公务员有下列情形之一的，予以辞退：(1) 在年度考核中，连续两年被确定为不称职的；(2) 不胜任现职工作，又不接受其他安排的；(3) 因所在机关调整、撤销、合并或者缩减编制员额需要调整工作，本人拒绝合理安排的；(4) 不履行公务员义务，不遵守法律以及公务员纪律，经教育仍无转变，不适合继续在机关工作，又不宜给予开除处分的；(5) 旷工或者因公外出、请假期满无正当理由逾期不归连续超过十五天，或者一年内累计超过三十天的。因此，在本案中，肖某在一年中无故旷工已经达到了四十天，所以，单位是可以将他辞退的。

法　条

《中华人民共和国公务员法》

第八十八条　公务员有下列情形之一的，予以辞退：

（一）在年度考核中，连续两年被确定为不称职的；

（二）不胜任现职工作，又不接受其他安排的；

（三）因所在机关调整、撤销、合并或者缩减编制员额需要调整工作，本人拒绝合理安排的；

（四）不履行公务员义务，不遵守法律和公务员纪律，经教育仍无转变，不适合继续在机关工作，又不宜给予开除处分的；

（五）旷工或者因公外出、请假期满无正当理由逾期不归连续超过十五天，或者一年内累计超过三十天的。

9. 公务员在没有达到退休年龄时，能够提前退休吗？

案 情

季某是某县文化局的局长，自从大学毕业之后一直在这里工作，至今已经工作了三十年。由于季某觉得自己已经工作了三十年，在这些年中对待工作一直尽职尽责，而且现在自己的子女已经成家立业，自己也已经年近六十岁了，因此想提前退休，和妻子安享晚年。但是，由于他还没有达到退休的年龄，不知道自己是否可以提前退休。于是，他便向单位提出退休的申请，但是，相关部门告诉他由于没有到退休的年龄，他是不可以提前退休的。为此，季某很沮丧。那么请问，公务员在没有达到退休年龄时，可以提前退休吗？

解 析

公务员在没有达到退休年龄时，如果满足一定的条件是可以提前退休的。我国《公务员法》第九十三条规定，公务员符合下列条件之一的，本人自愿提出申请，经任免机关批准，可以提前退休：(1) 工作年限满三十年的；(2) 距国家规定的退休年龄不足五年，且工作年限满二十年的；(3) 符合国家规定的可以提前退休的其他情形的。据此可知，公务员的退休方式分为两种：(1) 法定退休，此时，由任免机关命令其退休；(2) 自愿退休，即公务员符合法定条件，本人自愿申请之后，即可退休。所以，公务员并不是必须到了法定的退休年龄才可以退休，如果符合了上述条件之一，本人自愿向有关机关提出申请，在经过批准之后是能够提前退休的。在本案中，季某已经在自己的工作岗位上工作了三十年，符合法律规定的第一个条件，因此，在其向任免机关申请，经过批准之后，是可以退休的。

法 条

《中华人民共和国公务员法》

第九十三条 公务员符合下列条件之一的，本人自愿提出申请，经任免机关批准，可以提前退休：

（一）工作年限满三十年的；

（二）距国家规定的退休年龄不足五年，且工作年限满二十年的；

（三）符合国家规定的可以提前退休的其他情形的。

10. 用人单位辞退在孕期的公务员的行为合法吗？

案 情

方某在大学毕业之后，考取了当地的公务员，成为该县政府的一名办公室科员。在考上公务员的那年，方某也与自己的男朋友结婚组建了家庭。经过一年的试用期之后，方某被正式录取。与此同时，方某怀孕了。当时已经临近年底，办公室的工作比较多，该机关要求工作人员每天都加班完成任务。这样过了一个星期，由于过度劳累，方某生病了，在其住院之后，医生建议她不能再过度劳累，一定要保障休息的时间。出院之后，方某便向单位的领导说明了自己的情况，希望可以让她的工作相对轻松一点儿。但单位的领导却说，他们也就是年前需要加班，平时也没有要求加班，认为方某这是对工作不负责任。于是，便以其不能胜任现在的工作为由，决定将方某辞退。方某心里觉得很委屈，认为单位不能辞退自己。那么请问，单位可以在女性公务员的孕期内将其辞退吗？

解　析

女性公务员在孕期内，单位是不能将其辞退的。我国《公务员法》第八十九条明确规定，因公致残，被确认丧失或者部分丧失工作能力的；患病或者负伤，在规定的医疗期内的；女性公务员在孕期、产假、哺乳期内的；法律、行政法规规定的其他情形，在这四种情况之下，单位是不能辞退公务员的。因为公务员被辞退后就失去了公务员身份，不再享受公务员待遇，对公务员的影响比较大，因此，我国对辞退公务员非常慎重，明确规定不能随便辞退公务员。从上述规定中可知，女性公务员在孕期、产假、哺乳期内是不能被辞退的。而且依据《劳动合同法》的规定，出于对妇女的特别保护，非公务员身份的女职工在孕期同样也不得辞退。在本案中，方某正处于怀孕期间，属于不能辞退的法定情形之一，所以，该单位是不可以辞退她的。但是，属于法定不得辞退情形的公务员也不得利用自己的上述权利，对工作懈怠、不负责任。

法　条

《中华人民共和国公务员法》

第八十九条　对有下列情形之一的公务员，不得辞退：

（一）因公致残，被确认丧失或者部分丧失工作能力的；

（二）患病或者负伤，在规定的医疗期内的；

（三）女性公务员在孕期、产假、哺乳期内的；

（四）法律、行政法规规定的其他不得辞退的情形。

11. 公务员对于单位扣减自己工资的决定不服的，应该采取什么样的救济方式？

案 情

晓兰是某重点大学行政管理专业的一名研究生，毕业之后以优异的成绩考入了市政府某部门，经过一年的试用期之后成为一名正式的公务员。晓兰在学校时成绩就非常好，在工作之后更是认真负责。可是，去年年底，由于工作非常多，晓兰因过度劳累生病了。医生说晓兰身体比较虚弱，要定期到医院检查，并建议晓兰平时注意休息，否则，身体还是会出现其他问题的。于是，晓兰向领导说明了自己的身体情况，想在下班之后早一点儿回家休息。但是，单位的领导却告诉她，年底工作太忙，不能提前下班。后来，由于晓兰经常去医院检查，不能再像原来一样天天加班。她的领导对她的表现非常不满意。在年底发工资时，不仅没有晓兰的奖金，而且还扣了她半个月的工资，说她经常早退，工作不认真。晓兰觉得这对自己很不公平，那么请问，她应该如何维护自己的权利呢？

解 析

我国《公务员法》第九十五条明确规定，公务员对单位未按规定确定或者扣减工资、福利、保险待遇处理不服时，可以自知道该人事处理之日起三十日内向原处理机关申请复核；对复核结果不服的，可以自接到复核决定之日起十五日内，按照规定向同级公务员主管部门或者作出该人事处理的机关的上一级机关提出申诉；也可以不经复核，自知道该人事处理之日起三十日内直接提出申诉。由此可知，在公务员认为单位对自己的相关处理不服时，可以有两种救济途径：（1）先向原处理机关申请复核，如果对复核结果不服的，再向同级公务员主管部门或者作出该人事处理的机关的上一级机关进行申诉；（2）在接到人事处理的决定之后直接向上一级机关或者同级的公务员主管部门提出申诉。因此，在本案中，如果晓兰对单位作出扣减自己工资的决定不服，可以先申请复核，对复核结果不服的，再提出申诉，或者不经复核，直接向相关部门进行申诉。

法　条

《中华人民共和国公务员法》

第九十五条　公务员对涉及本人的下列人事处理不服的，可以自知道该人事处理之日起三十日内向原处理机关申请复核；对复核结果不服的，可以自接到复核决定之日起十五日内，按照规定向同级公务员主管部门或者作出该人事处理的机关的上一级机关提出申诉；也可以不经复核，自知道该人事处理之日起三十日内直接提出申诉：

（一）处分；

（二）辞退或者取消录用；

（三）降职；

（四）定期考核定为不称职；

（五）免职；

（六）申请辞职、提前退休未予批准；

（七）不按照规定确定或者扣减工资、福利、保险待遇；

（八）法律、法规规定可以申诉的其他情形。

对省级以下机关作出的申诉处理决定不服的，可以向作出处理决定的上一级机关提出再申诉。

受理公务员申诉的机关应当组成公务员申诉公正委员会，负责受理和审理公务员的申诉案件。

公务员对监察机关作出的涉及本人的处理决定不服向监察机关申请复审、复核的，按照有关规定办理。

12. 如果公务员认为上级的决定违反相关程序时应该怎么办？

案 情

王某是某县市场监管局的副局长。一天，该县市场监管局接到了某食品公司的报告，该公司称自己生产的食品由于一些原料出现了问题，导致很多消费者在食用之后出现了呕吐现象，正在紧急召回。该县市场监管局在接到通知之后，马上向县政府报告。但是，县政府的相关领导认为如果将此事逐级上报，会影响自己以后的发展，因此，便要求市场监管局主管该项工作的副局长王某将事情压下去，避免事态的进一步扩大，说到此为止。王某认为这种做法是不合法的，也是不负责任的，但是，他也不知道自己是应该按照指示将事情压下去，还是依法按照程序来进行处理，这让王某感到很为难。那么，在此种情况之下，王某应该采取何种办法呢？

解　析

根据我国《公务员法》第六十条的规定，公务员执行公务时，认为上级的决定或者命令有错误的，可以向上级提出改正或者撤销该决定或者命令的意见；上级不改变该决定或者命令，或者要求立即执行的，公务员应当执行该决定或者命令，执行的后果由上级负责，公务员不承担责任；但是，公务员执行明显违法的决定或者命令的，应当依法承担相应的责任。由此可见，当公务员在执行公务时，如果明知上级的命令违法，那么其应该依法向上级提出改正或者撤销相关命令的意见，如果上级仍然不予改正，此时，公务员是无须承担责任的。反之，如果公务员明知违法，还要执行，便需要承担一定的法律责任。在本案中，王某应该对上级的指示提出改正或者撤销的意见，如果在提出之后，上级仍然要求其继续执行的，那么王某是不用对此承担责任的。

法　条

《中华人民共和国公务员法》

第六十条　公务员执行公务时，认为上级的决定或者命令有错误的，可以向上级提出改正或者撤销该决定或者命令的意见；上级不改变该决定或者命令，或者要求立即执行的，公务员应当执行该决定或者命令，执行的后果由上级负责，公务员不承担责任；但是，公务员执行明显违法的决定或者命令的，应当依法承担相应的责任。

13. 自行回避的制度是否适用于公务员?

案 情

杨某是某市某辖区派出所的一名警察。上周，由于辖区内的张某和邻居郑某因为门口的垃圾堆放而发生了纠纷，张某将郑某打伤。后来，郑某报警，警察赶到之后将两人都带到了派出所，准备化解两人之间的矛盾，使纠纷得到解决。辖区派出所所长派杨某去解决这件事，但是，杨某发现原来是自己的表弟张某和别人发生了纠纷。为了确保案件的公平处理，杨某便提出了回避申请，希望所长另派其他人来办理此案，自己退出对该案件的处理。那么请问，自行回避制度可以适用于公务员吗？杨某自行申请回避的做法是否符合法律的规定呢？

解 析

杨某自行申请回避的做法是符合法律的规定的。回避是指国家机关工作人员在行使职权过程中，因其与所处理的事务有利害关系，为保证实体处理结果和程序进展的公正性，根据当事人的申请或行政机关工作人员的请求，有权机关依法中止其在本案中职务的行使并由他人代理的一种法律制度。根据我国《公务员法》第七十七条的规定，公务员有应当回避情形的，本人应当申请回避；利害关系人有权申请公务员回避。其他人员可以向机关提供公务员需要回避的情况。机关根据公务员本人或者利害关系人的申请，经审查后作出是否回避的决定，也可以不经申请直接作出回避决定。由此可见，在公务员发现需要回避时，应该主动提出回避申请，相关机关在经过审查之后会作出是否回避的决定。另外，相关的利害关系人也可以自己申请公务员回避。在本案中，由于警察杨某与当事人张某是表兄弟关系，其如果参与案件的解决，很可能会导致不公平的现象出现，因此，杨某应该申请回避。杨某为了保证案件的公平处理，主动提出回避申请，他的做法是正确的。

法　条

《中华人民共和国公务员法》

第七十六条　公务员执行公务时，有下列情形之一的，应当回避：

（一）涉及本人利害关系的；

（二）涉及与本人有本法第七十四条第一款所列亲属关系人员的利害关系的；

（三）其他可能影响公正执行公务的。

第七十七条　公务员有应当回避情形的，本人应当申请回避；利害关系人有权申请公务员回避。其他人员可以向机关提供公务员需要回避的情况。

机关根据公务员本人或者利害关系人的申请，经审查后作出是否回避的决定，也可以不经申请直接作出回避决定。

14. 辞职之后的公务员如果从事与原来的工作业务相关的营利活动是否有时间限制?

案 情

何某在大学毕业之后，考入了某市市场监管局，成为一名市场监管局的稽查科员。在工作了两年之后，何某认为公务员的生活不是自己想要的，因此便提出了辞职。何某在辞职之后，认为自己原来在市场监管局工作时，认识了一些公司的经理，都能够给自己创业提供帮助，而且又觉得自己对成立公司的程序也非常了解，因此准备自己创业，开一家公司。但是，就在他进行详细的规划时，他的一个朋友告诉他，现在创办公司是不合法的。何某认为自己是用自己的钱来创业，应该没事的。但朋友说因为何某原来的职务的原因，从事相关的商业活动需要受到一定的时间限制。何某听了朋友的说法之后，感到很惊讶，觉得这样对自己是不公平的，不能因为自己原来是市场监管局的科员就限制自己的营业活动。那么请问，何某如果从事与原来的工作业务相关的营利活动是否有时间限制?

解 析

何某如果从事与原来的工作业务相关的营利活动是有时间限制的，他的朋友的说法是正确的。我国《公务员法》第一百零七条第一款规定：“公务员辞去公职或者退休的，原系领导成员、县处级以上领导职务的公务员在离职三年内，其他公务员在离职两年内，不得到与原工作业务直接相关的企业或者其他营利性组织任职，不得从事与原工作业务直接相关的营利性活动。”由此可见，无论公务员是退休还是辞职，如果到与原工作业务直接相关的企业或者其他营利性组织任职，或者是从事与原工作业务直接相关的营利性活动的，都要受到相应的时间限制。法律之所以如此规定，是为了防止公务员利用自己原来的权力对其他的企业施加影响，以保障市场交易的公平竞争。在本案中，何某在辞职之后，在两年之内不可以从事与原工作业务直接相关的营利性活动，因此，其不可以马上就成立自己的公司而进行相关的营利活动。

法　条

《中华人民共和国公务员法》

第一百零七条　公务员辞去公职或者退休的，原系领导成员、县处级以上领导职务的公务员在离职三年内，其他公务员在离职两年内，不得到与原工作业务直接相关的企业或者其他营利性组织任职，不得从事与原工作业务直接相关的营利性活动。

公务员辞去公职或者退休后有违反前款规定行为的，由其原所在机关的同级公务员主管部门责令限期改正；逾期不改正的，由县级以上市场监管部门没收该人员从业期间的违法所得，责令接收单位将该人员予以清退，并根据情节轻重，对接收单位处以被处罚人员违法所得一倍以上五倍以下的罚款。

第二章

公务员考核

在很多人眼中，公务员的工作就是“铁饭碗”，一旦进入公务员系统就意味着拥有了一份长期稳定的工作，不必担心会被辞退。但事实并非如此，为了提高公务员的工作效率，保证服务质量，相关的行政机构会定期组织公务员考核，公务员的考核结果会直接影响到公务员的工资数额，以及晋升还是降低职务职级。所以广大的公务员应该提高对工作考核的认识，认真努力工作，避免因考核结果影响了自己的前程。

1. 公务员考核主要是从哪些方面进行的?

案 情

小张是一名应届毕业大学生，今年通过国家公务员考试进入了市里的国税局工作。小张非常高兴，认为从此以后自己就是有“铁饭碗”的人了。进入工作单位之后，小张发现并不是自己想象的那样，单位先组织对小张及其他新考入的公务员进行培训，培训结束之后，进行考试，只有通过了培训考试才能正式上岗，上岗后还有一年的试用期，试用期考核通过后才能成为一名正式的公务员。经过自己的不断努力，小张顺利通过了培训和试用期考核，正式成为一名国家公务员。正当小张以为自己可以一劳永逸的时候，单位发出一则通知：相关的行政机关组织对全体公务员进行年度考核。小张不知道公务员还需要每年进行考核，也不知道考核的内容是什么，只知道考核结果会对自己的工作产生很大的影响。那么，在公务员考核中，是从哪些方面进行的呢?

解 析

根据我国法律的规定，需要按照一定的标准对公务员进行考核，一方面是激励公务员好好工作，另一方面也是对公务员工作的检验。我国《公务员考核规定》第四条规定，对公务员的考核，以公务员的职位责任和所承担的工作任务为基本依据，全面考核德、能、勤、绩、廉，重点考核政治素质和工作实绩。德，是指思想政治素质及个人品德、职业道德、社会公德等方面的表现。能，是指履行职责的业务素质和能力。勤，是指责任心、工作态度、工作作风等方面的表现。绩，是指完成工作的数量、质量、效率和所产生的效益。廉，是指廉洁自律等方面的表现。考核结果直接影响到公务员能否获得奖金，能否晋升，能否提高工资档次，对于公务员来说影响是非常巨大的，所以，公务员在考核中想取得好的结果，就需要在日常的工作中做到清正廉洁，勤政为民，踏踏实实做事。

法　条

《公务员考核规定》

第四条　对公务员的考核，以公务员的职位职责和所承担的工作任务为基本依据，全面考核德、能、勤、绩、廉，重点考核政治素质和工作实绩。

（一）德。全面考核政治品质和道德品行，重点了解学习贯彻习近平新时代中国特色社会主义思想，坚定理想信念，坚守初心使命，忠于宪法、忠于国家、忠于人民，增强“四个意识”、坚定“四个自信”、做到“两个维护”的情况；带头践行社会主义核心价值观，恪守职业道德，遵守社会公德、家庭美德和个人品德等情况。

（二）能。全面考核适应新时代要求履职尽责的政治能力、工作能力和专业素养，重点了解政治鉴别能力、学习调研能力、依法行政能力、群众工作能力、沟通协调能力、贯彻执行能力、改革创新能力、应急处突能力等情况。

（三）勤。全面考核精神状态和工作作风，重点了解忠于职守，遵守工作纪律，爱岗敬业、勤勉尽责，敢于担当、甘于奉献等情况。

（四）绩。全面考核坚持以人民为中心，依法依规履行职位职责、承担急难险重任务等情况，重点了解完成工作的数量、质量、效率和所产生的效益等情况。

（五）廉。全面考核遵守廉洁从政规定，落实中央八项规定及其实施细则精神等情况，重点了解秉公用权、廉洁自律等情况。

《中华人民共和国公务员法》

第三十五条　公务员的考核应当按照管理权限，全面考核公务员的德、能、勤、绩、廉，重点考核政治素质和工作实绩。考核指标根据不同职位类别、不同层级机关分别设置。

2. 公务员考核中，什么样的情况会被确定为“称职”？

案　情

小李是一名国家公务员，在海关工作。因为刚进入单位不久，为了能够得到领导的认可，小李工作格外努力，经常超额完成领导布置的任务。在年底的公务员考核中，小李满心认为自己最低也可以得到称职等次，但是结果出来之后，小李却傻了眼，因为他仅仅得了基本称职等次。小李非常气愤地找到了单位的领导，询问为什么自己工作这么努力，却只得到了基本称职的考核结果。单位领导解释说在今年五月，小李在给相关人员办理业务时，曾经收取了当事人送的一部手机，在被其他人举报之后，小李才将手机退还给了当事人。因为这件事影响了其工作表现，只能得到基本称职的等次。那么，在公务员考核之中，满足什么条件才会被确定为“称职”呢？

解析

我国《公务员考核规定》第八条规定，确定为称职等次应当具备下列条件：“（一）思想政治素质较高；（二）熟悉业务，工作能力较强；（三）责任心强，工作积极，工作作风较好；（四）能够完成本职工作；（五）廉洁自律。”本案之中，小李在办理业务的时候收取了相关人员送给自己的手机，这反映出小李的思想政治素质不是很高，达不到称职要求中的廉洁自律，所以，小李被确定为基本称职而不是称职是有法律根据的。我们可以看出，达到称职等次的要求对于公务员来说是最基本的要求，又可以说是公务员在工作中必须做到的标准，如果公务员达不到这样的要求则意味着在工作中是存在着缺陷的。广大公务员需要注意，在工作之中要严格遵守相关规定，提高自身素质，能够达到上述五项要求，只是能够在考核之中达到称职的等次，如果想要得到优秀等次则需要自己更加努力。

法条

《公务员考核规定》

第八条 确定为称职等次应当具备下列条件：

（一）思想政治素质较高；

（二）熟悉业务，工作能力较强；

（三）责任心强，工作积极，工作作风较好；

（四）能够完成本职工作；

（五）廉洁自律。

3. 公务员考核中“基本称职”这一等级是根据什么标准得来的?

案　情

高某今年五十多岁，在法院工作，是一名国家公务员。当年高某进入法院的时候并不是像现在这样需要通过考试，而是部队转业之后直接被分配到了法院。因为没有受过专业的法学教育，所以高某在法院主要负责的是一些行政工作。因为自己的岁数比较大，并且平时工作压力不大，高某就逐渐养成了非常懒散的工作习惯，自己负责的工作往往是能拖就拖，工作态度极其不认真。在公务员管理制度改革以前，高某就一直这样混日子。但是公务员管理制度改革之后，需要对公务员的工作进行考核，在第一年考核的时候高某勉强得到了基本称职的结果。法院领导告诫高某如果工作继续不认真，下一年度很有可能会变为不称职。高某这时慌了神，因为考核的结果直接会影响自己是否能够晋升，但是高某却不清楚自己存在哪些问题，被评为基本称职合理吗?

解　析

对于每一位公务员来说，都希望自己在年度考核之中被确定为优秀，即使不能拿到优秀，最基本的也应该拿到称职，但是除了优秀和称职两个等次之外，还存在基本称职和不称职两个等次，每年同样有一些公务员被确定为这两个等次。基本称职虽然比不称职稍好，但是对于公务员来说，基本称职并不是一个好的考核结果。本案之中的高某在公务员考核之中被确定为基本称职，那么高某在工作之中存在哪些问题并导致自己的最终考核被评为基本称职呢？我国《公务员考核规定》第九条规定，公务员具有下列情形之一的，应当确定为基本称职等次：“（一）思想政治素质一般；（二）履行职责的工作能力较弱；（三）工作责任心一般，工作消级，或者工作作风方面存在明显不足；（四）能基本完成本职工作，但完成工作的数量不足、质量和效率不高，或者在工作中有较大失误；（五）能基本做到廉洁自律，但某些方面存在不足。”高某在工作之中，工作态度不认真，自己的本职工作经常是能拖就拖，属于法条之中第二项、第三项和第四项规定的情形，因此，高某在年度考核之中被确认为基本称职是符合相关规定的，对此，高某应该吸取教训，对照法条之中陈述的相关缺点进行改进。

法　条

《公务员考核规定》

第九条　公务员有下列情形之一的，应当确定为基本称职等次：

（一）思想政治素质一般；

（二）履行职责的工作能力较弱；

（三）责任心一般，工作消极，或者工作作风方面存在明显不足；

（四）能基本完成本职工作，但完成工作的数量不足、质量和效率不高，或者在工作中有较大失误；

（五）能基本做到廉洁自律，但某些方面存在不足。

4. 公务员在工作中存在哪些问题会在考核时被评为“不称职”?

案　情

老陈是一名城管执法人员，主要负责城市街道的治安和整洁，平时主要处理街道上的一些无证经营的小商小贩。老陈在工作的时候有一个毛病，往往就是小摊小贩给了老陈一点好处，老陈就不对这些无证经营的小摊小贩进行处罚和整治，但是老陈并不收取钱财，因为老陈知道收取钱财事情的性质就变了，一般都是收取小摊小贩贩卖的物品。老陈管理区域的小摊小贩看到老陈都主动献上自己的“贡品”，长此以往，这个区域的人都知道老陈有这样一个“嗜好”。去年年底公务员考核中，老陈的考核结果是不称职，老陈知道如果连续两年的考核结果都是不称职的话，自己的工作就有可能不保，于是想要改善，那么，老陈应该如何改善工作呢？究竟在工作之中存在哪些问题会在考核之中被评为“不称职”呢？

解　析

我国的公务员考核并不是走形式，而是真真实实地以严格的标准进行考核。公务员在考核之中如果被确定为不称职，则间接地表明该公务员在工作之中存在着非常严重的问题，根据我国《公务员考核规定》第十条的规定，公务员在工作之中存在下列行为之一的，应该被确定为不称职等次：“（一）思想政治素质较差；（二）业务素质和工作能力不能适应工作要求；

（三）责任心缺失，工作不担当、不作为，或者工作作风差；（四）不能完成工作任务，或者在工作之中因严重失误、失职造成重大损失或者恶劣社会影响；（五）存在不廉洁问题，并且情形较为严重。”本案之中，老陈在工作中经常拿小商小贩们的东西，这属于工作责任心缺失、工作作风差，并且存在不廉洁的问题，因此老陈在年度考核之中被确定为不称职是符合法律规定的。公务员在工作的时候需要注意，老陈犯过的错误不要出现在自己的身上。

法 条

《公务员考核规定》

第十条 公务员有下列情形之一的，应当确定为不称职等次：

（一）思想政治素质较差；

（二）业务素质和工作能力不能适应工作要求；

（三）责任心缺失，工作不担当、不作为，或者工作作风差；

（四）不能完成工作任务，或者在工作中因严重失误、失职造成重大损失或者恶劣社会影响；

（五）存在不廉洁问题，且情形较为严重。

5. 公务员须具备哪些条件时，可以被确定为优秀等次？

案 情

张某大学毕业后通过努力考取了公务员岗位，进入岗位后张某立志做一名优秀的公务员，为国家奉献自己的青春，但张某对于公务员职业还不太熟悉，而如何对公务员进行评定需要依照《公务员考核规定》进行，那张某怎样才能被评定为优秀的公务员呢？

解　析

公务员每年都要进行年度考核，考核的结果分为优秀、称职、基本称职和不称职四个等次。公务员年度考核应当依据规定进行，根据我国《公务员考核规定》第七条的规定，确定为优秀等次须具备下列条件：(1) 思想政治素质高；(2) 精通业务，工作能力强；(3) 责任心强，勤勉尽责，工作作风好；(4) 圆满完成年度工作任务，工作实绩突出；(5) 清正廉洁。这些方面缺一不可，因此，张某要想评定为优秀公务员，应当具备以上条件。

法　条

《公务员考核规定》

第七条　确定为优秀等次应当具备下列条件：

(一) 思想政治素质高；

(二) 精通业务，工作能力强；

(三) 责任心强，勤勉尽责，工作作风好；

(四) 圆满完成年度工作任务，工作实绩突出；

(五) 清正廉洁。

6. 公务员具有哪种情形时，应确定为不称职等次？

案 情

张某考取公务员岗位以后，发现自己身边的一个公务员平时好吃懒做，来办事的群众对他也很不满意，于是很诧异这样的人怎么能够留在公务员的队伍当中呢？果然，在该年的年度考核中，这位懒散的公务员被评为不称职，领导将其降职并在奖金和工资方面予以处罚。那么，出现什么情形时公务员将被评定为不称职呢？

解 析

根据我国《公务员考核规定》第十条的规定，公务员具有下列情形之一的，应当确定为不称职等次：（1）思想政治素质较差；（2）业务素质和工作能力不能适应工作要求；（3）责任心缺失，工作不担当、不作为，或者工作作风差；（4）不能完成工作任务，或者在工作中因严重失误、失职造成重大损失或者恶劣社会影响；（5）存在不廉洁问题，且情形较为严重。上述案例中的公务员在各方面均存在问题，按照规定应当被评定为不称职，并给予相应的惩罚。

法 条

《公务员考核规定》

第十条 公务员有下列情形之一的，应当确定为不称职等次：

（一）思想政治素质较差；

（二）业务素质和工作能力不能适应工作要求；

（三）责任心缺失，工作不担当、不作为，或者工作作风差；

（四）不能完成工作任务，或者在工作中因严重失误、失职造成重大损失或者恶劣社会影响；

（五）存在不廉洁问题，且情形较为严重。

7. 公务员在年度考核之中获得优秀的，有什么奖励吗？

案　情

白某是一名在市政府工作的公务员，平日主要负责市政机关的行政工作。刚到单位不久，白某就听说公务员会进行考核，并且考核的结果如果是称职以上还会有奖励。于是，白某在工作上非常努力，在日常工作之中能够及时地完成自己的工作任务，在和群众打交道的时候，白某一直都是微笑着十分耐心地服务。在年底考核中，白某以出色的工作态度和较高的工作效率，被评为优秀。白某知道后非常高兴，满心欢喜地等着单位给自己奖励，但是等了很长时间白某也没有等到奖励，于是白某便去问了自己的领导，领导告诉白某仅一年得到优秀除了能拿奖金和单位的嘉奖之外，并没有提高工资和晋升职务的奖励，想要得到这些奖励还需要满足其他的条件。那么，公务员在年度考核之中获得优秀的，还需满足什么条件才能获得奖励呢？

解　析

公务员考核制度就是一个奖惩制度，如果在工作之中不负责，敷衍懒散，则在年度考核之中会受到相应的惩罚；如果在工作之中态度认真并且十分积极，则在年度考核之中会受到相应的奖励。根据我国《公务员考核规定》第二十条的规定，公务员年度考核确定为称职以上等次的，按照下列规定办理："（一）累计两年确定为称职以上等次的，在所定级别对应工资标准内晋升一个工资档次。（二）累计五年确定为称职以上等次的，在所任职务职级对应级别范围内晋升一个级别。（三）本考核年度计算为晋升职务职级的任职年限，同时符合规定的其他任职资格条件的，具有晋升职务职级的资格。（四）享受年度考核奖金。"根据我国法律的规定，一年被评为优秀仅仅给予嘉奖和享受年度考核的奖金。如果累计两年被评为称职以上等次的，能够晋升一个工资档次；累计五年被确定为称职以上等次的，提高一个职务职级级别。本案之中的白某，仅仅一年被确定为优秀，所以，白某当年仅能够得到嘉奖和考核奖金，而提升工资档次和职务档次，白某还需要持续不断地努力。

法　条

《公务员考核规定》

第二十条　公务员年度考核确定为称职以上等次的，按照下列规定办理：

（一）累计两年确定为称职以上等次的，在所定级别对应工资标准内晋升一个工资档次。

（二）累计五年确定为称职以上等次的，在所任职务职级对应级别范围内晋升一个级别。

（三）本考核年度计算为晋升职务职级的任职年限，同时符合规定的其他任职资格条件的，具有晋升职务职级的资格。

（四）享受年度考核奖金。

8. 公务员在考核之中被评为基本称职的，单位应该对此采取什么措施？

案　情

包某今年三十一岁，是一名交警，负责处理道路上的违章车辆。去年六月，包某像往常一样在路上执行公务，发现前方一辆车存在异常后，便加快速度去拦截，追上了该车之后，包某发现该司机有酒驾的嫌疑。司机从自己的包中拿出了一万块钱要求包某放过自己，包某在利益的诱惑之下，收下了这笔钱就没有处罚该司机，但是这一幕正好被路人拍下并且发给了交警大队。领导知道了这件事之后找到包某，批评教育了包某，并且责令包某将钱退回。而且在该年度的公务员考核之中，包某因为这件事被评为基本称职。那么单位对于被评为基本称职的包某，应该采取什么措施呢？

解　析

在公务员考核的等次之中，基本称职是比不称职稍好一点的等次，被确定为基本称职表明该公务员在工作之中的表现并不是很好，甚至可以说是有明显的不足之处，因此，被确定为基本称职的公务员，单位应该对其采取一定的措施，纠正该公务员的错误，防止该公务员的错误越来越严重。而根据我国《公务员考核规定》第二十一条的规定，公务员在被确定为基本称职之后，单位需要对其采取对应的措施。即公务员年度考核被确定为基本称职等次的，按照下列规定办理：“（一）对其进行诫勉，责令作出书面检查，限期改进。（二）本考核年度不计算为按年度考核结果晋升级别和级别工资档次的考核年限。（三）本考核年度不计算为晋升职务职级的任职年限；下一年内不得晋升职务职级。（四）不享受年度考核奖金。（五）连续两年确定为基本称职等次的，予以组织调整或者组织处理。”

结合到本案之中，包某所在单位，在得知包某所犯的错误后应该对包某进行批评教育，并且已经责令包某限期将一万元钱退回。包某所在单位还应当对包某进行诫勉，使其引以为戒。并且通知财务部门包某这一年度不计算为按考核结果晋升级别和级别工资档次的考核年限。除此之外，包某本考核年度不计算为晋升职务职级的任职年限，下一年不得晋升职务职级，不能享受年度考核的奖金。

我国法律之所以这样规定，一方面是为了加强公务员的责任意识，另一方面也是对公务员工作不负责的一种惩罚。因此，公务员在工作的时候一定要端正态度、廉洁自律，否则可能需要面临严厉的惩罚。

法　条

《公务员考核规定》

第二十一条　公务员年度考核确定为基本称职等次的，按照下列规定办理：

（一）对其进行诫勉，责令作出书面检查，限期改进。

（二）本考核年度不计算为按年度考核结果晋升级别和级别工资档次的考核年限。

（三）本考核年度不计算为晋升职务职级的任职年限；下一年内不得晋升职务职级。

（四）不享受年度考核奖金。

（五）连续两年确定为基本称职等次的，予以组织调整或者组织处理。

9. 公务员在考核之中被评为不称职，单位对此应该进行怎样的处理？

案情

唐某在法院工作，因为工作时间比较长，在法院系统里面的地位颇高。但是随着年纪的增长，唐某越来越无心工作。近年来，唐某总是将自己的工作分配给他人，自己经常迟到早退，或者在上班时间出去玩。今年唐某这种情况尤其严重，甚至出现了没有经过领导批准就擅自休了半个月年假的情况，身边的同事都看不惯唐某的这种行为。在今年的公务员考核之中，唐某被评定为不称职，对此唐某不以为然，认为这仅仅是一个形式，并不会给自己造成什么实质性的影响，但是此时单位领导找到了唐某，对唐某作出了降低一个职务层次的决定，唐某表示不理解。请问，公务员在考核之中被评为不称职，单位需要对该公务员作出什么样的处理呢？

解 析

公务员考核的结果分为优秀、称职、基本称职和不称职四个等次，不称职是公务员考核之中等次最低的考核结果。如果公务员在考核之中被确定为不称职，不仅公务员自己需要反思，所在的单位也需要对其采取一定的措施。根据我国《公务员考核规定》第二十二条的规定，公务员年度考核被确定为不称职等次的，按照下列规定办理：“（一）本考核年度不计算为晋升职务职级的任职年限；降低一个职务或者职级层次任职。（二）本考核年度不计算为按年度考核结果晋升级别和级别工资档次的考核年限。（三）不享受年度考核奖金。（四）连续两年确定为不称职等次的，予以辞退。”本案之中，唐某在年底考核之中被确定为不称职，唐某所在单位应该对其进行处理。按照我国法律的规定，唐某所在单位需要对唐某降低一个职务层次，并且在本年度唐某不能晋升职务职级，也不能提高其工资和发放考核奖金。更严重的是，如果唐某在下一年度的考核之中还被确定为不称职，就会被予以辞退。

法 条

《公务员考核规定》

第二十二条 公务员年度考核确定为不称职等次的，按照下列规定办理：

（一）本考核年度不计算为晋升职务职级的任职年限；降低一个职务或者职级层次任职。

（二）本考核年度不计算为按年度考核结果晋升级别和级别工资档次的考核年限。

（三）不享受年度考核奖金。

（四）连续两年确定为不称职等次的，予以辞退。

10. 公务员在工作之中受到警告处分，年度考核会受影响吗？

案　情

于某在市里的市场监管局工作，平时在工作中一直非常认真，自己的工作也都能保质保量地完成。但是，去年九月，于某和自己的同事在对某工厂生产的药品进行抽查的时候，因该工厂厂长是于某的叔叔，而于某明知道却没有避嫌，导致周围人都认为于某给自己的叔叔走了后门，造成了不好的影响。因为这件事于某的单位给了于某警告处分，于某因为这件事非常难过，于是在接下来的工作之中格外努力，并多次超额完成工作任务，希望能够予以弥补。很快就到了年底，迎来了公务员的年度考核，于某认为自己虽然犯了错误，但是自己已经付出了超额的努力，应该不会因为自己的错误影响自己的考核结果。可是，考核结果出来之后，于某被确定为称职，而于某在历年的考核之中一直都是优秀，相比之下于某接受不了，便询问自己的领导，想知道这次自己没有被评为优秀的原因。领导回答说，于某的考核结果和曾经受到的处分有直接关系。请问，公务员受到了警告处分，年度考核会受到什么样的影响？

解　析

公务员在工作之中出现违法乱纪的行为时就会受到相应的处分，比如警告、记过等，而公务员每一年度都需要进行考核，如果公务员在该年度内受到了处分则无疑会影响考核结果。根据我国《公务员考核规定》第二十九条的规定，受处分公务员的年度考核，按下列规定办理：“（一）受警告处分的当年，参加年度考核，不得确定为优秀等次；（二）受记过处分的当年，受记大过、降级、撤职处分的当年及第二年，参加年度考核，只写评语，不确定等次。”本案之中，由于于某在本年度受到了警告处分，所以按照我国公务员考核的相关规定，于某不能被确定为优秀，于某的考核结果是合情合理的。即使于某在工作之中付出了加倍的努力也改变不了其曾经受到警告处分的事实。因此，公务员在工作的时候，一定要遵纪守法，如果因为工作之中违法违纪而受到了处分，则处分结果不仅会影响公务员的年度考核，还会影响自己的工资数额、职务晋升等。

法　条

《公务员考核规定》

第二十九条　受处分公务员的年度考核，按照下列规定办理：

（一）受警告处分的当年，参加年度考核，不得确定为优秀等次；

（二）受记过处分的当年，受记大过、降级、撤职处分的当年及第二年，参加年度考核，只写评语，不确定等次。

11. 对无正当理由不参加年度考核的公务员，该如何处理？

案　情

陈某大学毕业之后好高骛远，自认为能力很强，考上公务员之后每天得意忘形，对待工作很不认真，他认为工作太简单，他的能力得不到发挥。陈某这样的工作态度致使许多来办事的群众充满怨言，自己也多次遭到举报。到年终考核时，陈某突然发现，只有自己一人符合不称职的标准，为了不丢脸，陈某坚决不参加年度考核，领导对其进行了批评教育，但陈某还是不听，其行为会导致什么样的后果呢？

解　析

年度考核是我国法定的一种公务员评定方式，每个公务员必须参加，不参加的要依法进行处理。我国《公务员考核规定》第三十一条规定："公务员应当按照规定参加考核。对无正当理由不参加年度考核的公务员，经教育后仍然拒绝参加的，直接确定其考核结果为不称职等次。考核中发现公务员存在违纪违法问题线索的，移送纪检监察、司法机关处理。"案例中陈某受到教育后仍然拒绝参加年度考核，就可以直接确定其考核结果为不称职等次。

法 条

《公务员考核规定》

第三十一条 公务员应当按照规定参加考核。对无正当理由不参加年度考核的公务员，经教育后仍然拒绝参加的，直接确定其考核结果为不称职等次。

考核中发现公务员存在违纪违法问题线索的，移送纪检监察、司法机关处理。

12. 公务员平时考核的重点有哪些?

案 情

小赵于2019年12月参加国家公务员统一考试，经过笔试、面试、体检、政审等环节后，顺利考入了某县税务局，成为一名公务员，主要负责单位的法治建设、税收政策等工作。2020年12月，县税务局为深化落实公务员平时考核工作，加强公务员日常管理和监督，全面客观准确评价公务员的德才表现和工作实绩，激励公务员更好地履职尽责，决定对本单位管理权限内的公务员、参照公务员法管理人员开展公务员平时考核工作。小赵想知道，公务员平时考核的重点有哪些?

解 析

为了加强党对公务员队伍的集中统一领导，贯彻落实习近平总书记关于干部考核要把功夫下在平时的重要要求，建立日常考核、分类考核、近距离考核的知事识人体系，激励广大公务员新时代新担当新作为，促进事业发展和公务员成长进步，要对公务员进行平时考核。

《公务员平时考核办法（试行）》第五条规定了公务员平时考核的重点内容，即深入学习贯彻习近平新时代中国特色社会主义思想、遵守政治纪律和政治规矩、践行党的群众路线、完成日常工作任务和阶段工作目标的情况，以及承担急难险重任务、处理复杂问题、应对重大考验的表现等。此外，该办法第六条规定，机关可以结合职能职责和工作任务，区分不同类别、层级和职位公务员特点设置考核指标。在上面的案例中，小赵应该通过学习《公务员平时考核办法（试行）》来熟悉公务员平时考核的重点内容，以便及时准备相关材料来完成公务员平时考核工作。

法　条

《公务员平时考核办法（试行）》

第五条　公务员平时考核以公务员的职位职责和所承担的工作任务为依据，及时了解公务员德、能、勤、绩、廉日常表现，重点考核深入学习贯彻习近平新时代中国特色社会主义思想、遵守政治纪律和政治规矩、践行党的群众路线、完成日常工作任务和阶段工作目标的情况，以及承担急难险重任务、处理复杂问题、应对重大考验的表现等。

对直接面向群众的窗口单位和服务部门的公务员，应当突出考核服务态度、服务质量和服务承诺兑现情况，注重了解为群众办实事解难事的实效，关注群众获得感满意度。

第六条　机关可以结合职能职责和工作任务，区分不同类别、层级和职位公务员特点，设置考核指标。注重制定量化指标，加强对公务员完成工作的数量和质量的考核。不得简单将有没有台账记录、工作笔记等作为工作是否落实的标准，不得简单以留痕多少评判工作好坏，防止过度留痕。

13. 公务员平时考核的程序是什么？

案 情

小刘是某县公安局的一名科员，在某乡镇派出所户籍科工作，主要负责派出所辖区内的户口相关工作，包括户口登记、户口迁移、身份证管理等。2020 年 2 月，该县公安局决定对本单位的公务员进行平时考核，考核项目包括公务员完成日常工作任务、阶段工作目标、重点工作情况以及领导交办的其他工作任务等。同时，领导交办了小刘参与有关考核工作布置事宜。小刘想知道，公务员平时考核的程序是怎样的？

解 析

公务员平时考核程序是公务员平时考核制度的重要部分。根据《公务员平时考核办法（试行）》第七条规定，公务员平时考核一般按照个人小结、审核评鉴、结果反馈的程序进行。此外，机关应根据工作性质和队伍特点，合理确定公务员平时考核周期，确保达到考核效果，减轻公务员负担，防止搞形式、走过场。机关还应当将公务员平时考核周期报同级公务员主管部门同意后组织实施。

在上面的案例中，以小刘本人为例：小刘应该对本人的工作表现情况进行简要小结，并以书面或者口头汇报的形式报主管领导；由其主管领导对小刘的个人小结进行审核，提出考核结果等次建议，交同级主要领导或领导班子、机关组织（人事）部门审定；有关领导或者机关组织（人事）部门采取适当方式，及时向小刘反馈考核结果，肯定成绩、指出不足，提出改进要求，听取小刘的意见。

法　条

《公务员平时考核办法（试行）》

第七条　公务员平时考核一般按照下列程序进行：

（一）个人小结。公务员对照机关要求、职责任务或者考核指标，如实对本人工作表现情况进行简要小结，以书面或者口头汇报形式报主管领导。

（二）审核评鉴。主管领导对公务员的个人小结进行审核，提出考核结果等次建议，由同级主要领导审定，也可以由领导班子或者机关组织（人事）部门审定。

审核评鉴应当结合日常了解、群众评价以及服务对象意见等情况，吸收运用绩效管理等成果，根据需要听取纪检监察机关意见，注重看公务员担当作为表现情况，综合研判，实事求是确定考核结果，防止简单依据个人小结对公务员作出评价。

对直接面向群众的窗口单位和服务部门的公务员，可以在一定范围内开展服务对象评议。

（三）结果反馈。有关领导或者机关组织（人事）部门采取适当方式，及时向公务员本人反馈考核结果，肯定成绩、指出不足，提出改进要求，听取本人意见。

机关根据工作性质和队伍特点，合理确定公务员平时考核周期，确保达到考核效果，减轻公务员负担，防止搞形式、走过场。

机关应当将公务员平时考核周期报同级公务员主管部门同意后组织实施。

14. 公务员应对重大考验时表现突出的，当期平时考核结果会怎样？

案　情

小王是某乡镇的一名公务员。新冠肺炎疫情发生后，“疫情就是命令，防控就是责任”，为了跑赢疫情，小王第一时间主动申请参与疫情防控工作。某乡镇党委政府牢记习近平总书记的重要指示，把人民群众的生命安全和身体健康放在第一位，迅速行动，全力防止疫情传播和扩散。小王根据工作安排，担负起该乡镇某村疫情防控的重任。他穿着防护服，带着消毒器具，与村里其他干部、卫生服务中心的医务人员一起，上门排查疫情，为高风险区的返乡人员测量体温，为居民群众提供消毒服务。他坚持用爱心、细心、耐心对重点人员进行心理疏导，照顾生活。2020年10月，小王获得全乡镇“抗击新冠肺炎疫情先进个人”荣誉。最近，小王所在的单位要进行平时工作考核了。那么，像小王这样应对重大考验时表现突出的，当期平时考核结果会怎样？

解　析

为激励公务员应对重大考验时履职尽职、处理复杂问题时有所担当，鼓励公务员在承担急难险重任务等，《公务员平时考核办法（试行）》第十条第一款规定，公务员在承担急难险重任务、处理复杂问题、应对重大考验时，表现突出、有显著成绩和贡献的，当期平时考核结果可以直接确定为好等次，并及时给予奖励。

新冠肺炎疫情对广大人民群众生命安全和身体健康带来严重威胁，坚决打赢疫情防控阻击战是对广大党员、干部宗旨意识的重大检验。在上面的案例中，小王在应对重大疫情考验时主动请缨，不怕危险，勇于向前，坚守岗位，在基层一线做好老百姓的疫情防护和困难帮扶工作，用实际行动践行了全心全意为人民服务的宗旨，用自己无悔的青春为抗击疫情贡献了自己的力量。考核部门在确定当期平时考核结果时可以直接将小王确定为好等次，并及时给予奖励。

法　条

《公务员平时考核办法（试行）》

第十条第一款　公务员在承担急难险重任务、处理复杂问题、应对重大考验时，表现突出、有显著成绩和贡献的，当期平时考核结果可以直接确定为好等次，并及时给予奖励。

15. 公务员在关键时刻不服从组织安排，对当期平时考核结果有什么影响？

案　情

马某是某区公安局交警大队科员。2020 年 5 月 21 日，来自某国的境外旅客需要实施为期 14 天的隔离观察。根据区新型冠状病毒感染肺炎防控领导小组部署，区公安局交警大队需要抽调一部分干警到集中隔离点进行值班。马某在被抽调到某集中隔离观察点值班时，由于担心会染上新冠肺炎，所以工作态度消极，临危退缩，不服从执行领导小组的安排，不愿前往。在交警大队相关领导多次与其联系、做其思想工作、重申工作纪律的情况下，马某仍然以各种理由推诿，拒不服从组织安排，造成严重不良影响。后来，开展平时考核时，单位特别指出马某的这个问题。那么，请问公务员在关键时刻不服从组织安排，对当期平时考核结果有什么影响？

解　析

服从和执行上级依法作出的决定和命令是公务员应当履行的义务。下级服从上级是机关管理的基本原则，上级依法作出的决定和命令，下级必须执行，否则要依法受到惩戒，并且还会影响到公务员平时考核。根据《公务员平时考核办法（试行）》第十条第二款规定，公务员在重大关头、关键时刻不服从组织安排，或者推诿扯皮、敷衍塞责造成不良后果的，当期平时考核结果可以直接确定为较差等次。

公务员作为人民的公仆，在关键时刻要冲得上去、危难关头要豁得出来。在上面的案例中，马某在新冠疫情防控的关键时刻，不仅不挺身而出，反而拒绝组织安排，临危退缩，而且在相关领导做其思想工作后仍然敷衍塞责，因此，其当期平时考核结果可以直接确定为较差等次。

法　条

《中华人民共和国公务员法》

第五十九条　公务员应当遵纪守法，不得有下列行为：

……

（五）拒绝执行上级依法作出的决定和命令；

……

《公务员平时考核办法（试行）》

第十条第二款　公务员在重大关头、关键时刻不服从组织安排，或者推诿扯皮、敷衍塞责造成不良后果的，当期平时考核结果可以直接确定为较差等次。

16. 平时考核与年度考核有怎样的关系？

案　情

小周是一名中共党员，他从某大学法学院毕业后考入某县人民法院，担任民事审判庭法官助理一职。作为一名基层法院的法官助理，小周辅助主审法官审理过民间借贷、合同纠纷、离婚纠纷等各种类型的民事案件。虽然入职只有短短的一年，但辅助结案200余件。在工作中，他虚心学习，及时总结工作中的经验，积极协调双方当事人调解，独立完成数十件调解工作，高质高效地履行法官助理职责。小周工作优秀，在单位组织的平时考核中，他均是“好”的等次。临近年末，法院在筹备年度考核工作。小周听说平时考核会影响年度考核。那么，平时考核与年度考核有怎样的关系？

解　析

公务员考核应坚持平时考核与年终考核相结合的方式进行，这样更有利于发挥考核的作用，促进公务员素质的提高、业务的进步，适时将有关公务员选拔任用到合适的领导岗位，从而树立正确的用人导向，形成“能者上、庸者下、劣者汰”的良好竞争形态。

根据《公务员平时考核办法（试行）》第十二条规定，平时考核结果与年度考核结果挂钩。年度考核确定为优秀等次的，应当从当年平时考核结果好等次较多且无一般、较差等次的公务员中产生。当年平时考核结果均为好等次的，年度考核可以在规定比例内优先确定为优秀等次。当年平时考核结果一般、较差等次累计次数超过一半的，年度考核原则上应当确定为基本称职或者不称职等次。当年平时考核结果均为较差等次的，年度考核可以直接确定为不称职等次。平时考核结果记入公务员年度考核登记表。对年度考核为优秀等次的公务员进行公示时，应当公示其当年平时考核结果等次。在上面的案例中，小周工作优秀，在平时单位组织的考核中，他均是“好”的等次。基于此，在年度考核结果中，他也应属于优秀等次。

法条

《公务员平时考核办法（试行）》

第十二条 平时考核结果与年度考核结果挂钩。年度考核确定为优秀等次的，应当从当年平时考核结果好等次较多且无一般、较差等次的公务员中产生。当年平时考核结果均为好等次的，年度考核可以在规定比例内优先确定为优秀等次。

……

第三章

公务员录用调任与职务职级

在当今社会中，公务员是国家治理的主要执行者，但同时公务员也是人民的公仆，承担着为人民服务的责任。在某种程度上，公务员队伍素质的高低直接关系到社会能否有效运转以及人民群众对生活的满意度。而公务员的选录直接关系到公务员队伍的建设。因此在选录公务员及调任时要进行严格的限制，严格依照法律的规定进行。

1. 列入公务员范围的工作人员需要符合哪些条件?

案　情

小智是某大学法学院的一名应届毕业生，小智的父母希望他大学毕业后回家考公务员。小智看到当地县法院在招聘书记员，感觉这是个很好的机会，于是报了名，经过了笔试、面试、体检、政审等环节，最后以总分第一的成绩被录用。小智上班后才知道，自己并不是真正意义上的公务员，只是聘用制工作人员，即不是在编人员。那么，小智想知道，列入正式公务员范围的工作人员需要符合哪些条件?

解　析

我国《公务员法》第二条第一款和《公务员范围规定》第三条都规定了列入公务员范围的工作人员必须同时符合三个条件：第一，依法履行公职。“依法”既包括依照宪法、法律、行政法规、规章等，也包括依照党内法规。“履行公职”是指依据职责从事领导、组织、管理和监督等公务活动。第二，纳入国家行政编制。行政编制是我国党政机关使用的人员编制，包括国家机关、各党派和部分社会团体使用的人员编制。有一些在事业单位中工作的人员和一些聘用制工作人员，他们从事的也是公务活动，但并未纳入国家的行政编制序列，因而不能认定为公务员。第三，由国家财政负担工资福利。公务员属于国家财政供养的人员，由国家提供工资和福利等保障。

在上边的案例中，小智属于聘用制工作人员，不满足第二个条件，即没有被纳入国家行政编制序列，因此不是真正意义上的公务员。

法 条

《中华人民共和国公务员法》

第二条第一款 本法所称公务员，是指依法履行公职、纳入国家行政编制、由国家财政负担工资福利的工作人员。

《公务员范围规定》

第三条 公务员是干部队伍的重要组成部分，是社会主义事业的中坚力量，是人民的公仆。列入公务员范围的工作人员必须同时符合下列条件：

（一）依法履行公职；

（二）纳入国家行政编制；

（三）由国家财政负担工资福利。

2. 因犯罪被开除公职的人可以报考公务员考试吗？

案 情

多年前，程某通过公务员考试进入A省H市某机关单位工作，如今在该单位担任领导职务。程某在担任领导职务期间，多次为A省H市某矿业有限公司总经理张某借贷提供便利条件，先后为张某借贷款32万元。张某为答谢程某的帮助，使程某在没有任何出资的情况下拥有自己公司10万元的股本金。后该事情败露，A省H市人民法院以受贿罪依法判处程某有期徒刑五年。2020年已经刑满释放的程某想要再次报考公务员考试，但在进行网上审核时，被告知其因犯罪被开除公职，已经不能再报考公务员考试了。请问，因犯罪被开除公职的人可以报考公务员考试吗？

解　析

根据我国《公务员录用规定》第十九条的规定，不能报考公务员的人员有：“（一）曾因犯罪受过刑事处罚的；（二）被开除中国共产党党籍的；（三）被开除公职的；（四）被依法列为失信联合惩戒对象的；（五）有法律规定不得录用为公务员的其他情形的。”由上述规定可知，曾犯过罪受到刑事处罚的人以及被开除公职的人员均不能报名参加公务员考试。案例中的程某既犯罪受到过刑事处罚，并且被开除公职，因此，他不能再报考公务员考试。

公务员，是依法履行公职、纳入国家行政编制、由国家财政负担工资福利的工作人员。作为履行公职、代表国家工作的公务员就应当具有代表国家形象的良好的德才素质。根据我国《公务员录用规定》的规定，对于有损国家良好形象的那些曾因犯罪受过刑事处罚、曾被开除公职的人，都不得报考公务员考试。

法　条

《公务员录用规定》

第十九条　下列人员不得报考公务员：

（一）因犯罪受过刑事处罚的；

（二）被开除中国共产党党籍的；

（三）被开除公职的；

（四）被依法列为失信联合惩戒对象的；

（五）有法律规定不得录用为公务员的其他情形的。

3. 被列为失信联合惩戒对象的人，能被录用为公务员吗？

案 情

小罗大学毕业后开始创业，向某银行贷款30万元，约定两年后还清。但是到期后小罗以各种理由推脱，拒不偿还债务。无奈之下，该银行将小罗起诉至法院，要求偿还30万元本金及利息。法院经审理后判决被告小罗偿还原告某银行30万元本金及利息。因被告小罗一直未履行判决义务，原告某银行向法院申请执行。后小罗因有能力履行却拒不履行判决义务，被法院列为失信联合惩戒对象。最近，小罗觉得创业比较困难，风险又高，想考公务员。那么，被列为失信联合惩戒对象的人，能被录用为公务员吗？

解 析

党的十八大以来，我国信用体系建设的步伐不断加快，成效不断显现。在很多领域，失信人都会步履艰难，面临阻碍，其中，在录用公务员方面也不例外。根据《公务员法》第二十六条第四项和《公务员录用规定》第十九条第四项规定，被依法列为失信联合惩戒对象的不得录用为公务员。此举措体现了法律对我国公务员诚信水平和道德品质的更高要求。失信联合惩戒对象不得被录用为公务员，一方面有利于促进国家信用体系的建成；另一方面也有利于弘扬社会主义核心价值观，形成良好的社会道德风尚。在上面的案例中，小罗被法院列为失信联合惩戒对象，不能被录用为公务员。

法　条

《中华人民共和国公务员法》

第二十六条　下列人员不得录用为公务员：

……

（四）被依法列为失信联合惩戒对象的；

……

《公务员录用规定》

第十九条　下列人员不得报考公务员：

……

（四）被依法列为失信联合惩戒对象的；

……

4. 国家机关可以直接任职新录用的没有经过试用期的公务员吗?

案　情

2020 年，廉某参加某省公务员考试，报考的是 Q 市税务局职员，以 125 分的分数成功通过初试。经过两个月的辛苦准备，在 5 月的复试中，廉某又顺利通过了复试。不久，廉某接到税务局发来的报到通知，让他在规定的时间到单位报到。在报到这天，廉某遇到了他父亲以前的同事刘某，刘某在税务部门担任主任一职。经过刘某的“疏通”，单位决定让廉某直接任职，不必再经过试用期了。请问，国家机关对新录用的没有经过试用期的公务员直接任职的做法合法吗？

解　析

新录用的公务员没有经过试用期就正式任职，这一做法是不合法的。我国《公务员法》第三十四条规定，新录用的公务员试用期为一年。试用期满合格的，予以任职；不合格的，取消录用。公务员考试是一种相对比较科学、合理、公平的择才机制，可以从一定程度上测验人的知识和技能，但其不可避免地存在一定的偶然性，同时它也无法考察人的道德品行。但是公务员为人民服务，其道德品行对工作本身和国家机关的形象都有着很大的影响。因此，为了弥补公务员考试制度的不足，我国《公务员法》规定出新录用的公务员要经过为期一年的试用期，试用期满合格的，予以任职；不合格的，取消录用。上述案例中，税务局对廉某不经过试用期就让其正式任职的做法，违反了我国《公务员法》的规定。

法　条

《中华人民共和国公务员法》

第三十四条　新录用的公务员试用期为一年。试用期满合格的，予以任职；不合格的，取消录用。

5. 报考公务员需要满足的资格条件有哪些？

案　情

魏某是某省知名大学的讲师，至今已经工作十年了。魏某对大学任教的工作有些厌倦了，所以想换一份工作，尝试一下其他单位的工作。魏某第一个想到的就是报考公务员，因为他在大学讲授的专业是人力资源管理，所以打算报考该省人力部门的岗位。报考公务员首先要在网站上填写个人信息并要经过审核，但魏某提交的个人信息却没有通过审核，理由是魏某已经满40周岁，超过了报考公务员的年龄限制。请问，报考公务员需要满足哪些条件呢？

解　析

《公务员录用规定》第十八条第一款规定，报考公务员，应当具备下列资格条件：(1) 具有中华人民共和国国籍；(2) 年龄在十八周岁以上，三十五周岁以下；(3) 拥护中华人民共和国宪法，拥护中国共产党领导和社会主义制度；(4) 具有良好的政治素质和道德品行；(5) 具有正常履行职责的身体条件和心理素质；(6) 具有符合职位要求的工作能力；(7) 具有大学专科以上文化程度；(8) 省级以上公务员主管部门规定的拟任职位所要求的资格条件，等等。可以看出，我国法律对报考公务员的人员作了严格限制，只有其满足上述全部条件才有资格报名参加公务员考试。而案例中的魏某已经年满40周岁，超出了报考公务员的年龄限制，所以魏某不能通过信息审核，因此不能参加公务员考试。

法 条

《公务员录用规定》

第十八条 报考公务员，应当具备下列资格条件：

（一）具有中华人民共和国国籍；

（二）年龄为十八周岁以上，三十五周岁以下；

（三）拥护中华人民共和国宪法，拥护中国共产党领导和社会主义制度；

（四）具有良好的政治素质和道德品行；

（五）具有正常履行职责的身体条件和心理素质；

（六）具有符合职位要求的工作能力；

（七）具有大学专科以上文化程度；

（八）省级以上公务员主管部门规定的拟任职位所要求的资格条件；

（九）法律、法规规定的其他条件。

前款第（二）、（七）项所列条件，经省级以上公务员主管部门批准，可以适当调整。

报考行政机关中行政处罚决定审核、行政复议、行政裁决、法律顾问等职位的，应当取得法律职业资格。

公务员主管部门和招录机关不得设置与职位要求无关的报考资格条件。

6. 公务员报考资格考察中的“政治标准”重点突出什么内容?

案　情

小尹今年大学毕业，正在到处找工作。小尹的父母想让他考公务员，于是，小尹报考了某岗位。经过笔试、面试后，小尹以总分第一名的成绩成功进入考察环节。小尹想知道，公务员报考资格考察环节中的“政治标准”重点突出什么内容?

解　析

《公务员录用规定》第三十四条规定了公务员考察工作要突出政治标准。考察内容主要包括人选的政治素质、道德品行、能力素质、心理素质、学习和工作表现、遵纪守法、廉洁自律、职位匹配度以及是否需要回避等方面的情况。考察人选必须坚决维护党中央权威，牢固树立“四个意识”和“四个自信”，全面贯彻执行党的理论和路线方针政策，信念坚定、为民服务、勤政务实、敢于担当、清正廉洁。在上面的案例中，小尹应对照《公务员录用规定》第三十四条来看自己是否达到了公务员应当具备的政治标准。对政治上不合格的，不得确定为拟录用人员。

法　条

《公务员录用规定》

第三十四条　考察工作突出政治标准，重点考察人选是否符合增强“四个意识”、坚定“四个自信”、做到“两个维护”，热爱中国共产党、热爱祖国、热爱人民等政治要求。考察内容主要包括人选的政治素质、道德品行、能力素质、心理素质、学习和工作表现、遵纪守法、廉洁自律、职位匹配度以及是否需要回避等方面的情况。

考察人选达不到公务员应当具备的条件或者不符合报考职位要求的，不得确定为拟录用人员。

7. 新录用公务员在试用期内不能胜任工作的，是进行调岗还是取消录用？

案　情

小吴大学毕业后通过了某省组织的公务员考试，考到了某县科技局，工作内容主要为协助领导负责办公室日常文书事务处理、保障科技决策咨询制度运行等。小吴的试用期是一年，在试用期内，由于自身原因，小吴不能按要求完成领导交办的各项任务。在经过培训和调整工作岗位后，小吴仍不能胜任单位的工作。那么，小吴想知道，新录用公务员在试用期内不能胜任工作的，是进行调岗还是取消录用？

解　析

公务员做工作的前提就是要先胜任工作，然后才能有事干、能干事、干成事。如果在试用期内，公务员因自身客观情况导致其无法满足所在岗位的需求，经过培训或调岗后仍然不能胜任工作的，根据《公务员法》第三十四条和《公务员录用规定》第四十一条规定，要取消录用。

但需要注意的是，根据《公务员法》第八十九条的规定，如果公务员存在以下情形的，不得取消录用：一是因公致残，被确认丧失或者部分丧失工作能力的；二是因病负伤，处在规定的医疗期内的；三是女性公务员在孕期、产假、哺乳期内的。如果法律、行政法规还特别规定了其他不能辞退的情形，也不能取消录用。

在上面的案例中，小吴作为一名新录用的公务员，因自身原因在试用期内不能胜任工作，在培训后或调整工作岗位后仍不能胜任工作，要取消录用。

法　条

《中华人民共和国公务员法》

第三十四条　新录用的公务员试用期为一年。试用期满合格的，予以任职；不合格的，取消录用。

第八十九条　对有下列情形之一的公务员，不得辞退：

（一）因公致残，被确认丧失或者部分丧失工作能力的；

（二）患病或者负伤，在规定的医疗期内的；

（三）女性公务员在孕期、产假、哺乳期内的；

（四）法律、行政法规规定的其他不得辞退的情形。

《公务员录用规定》

第四十一条　新录用公务员试用期满考核不合格的，取消录用。

试用期间发现新录用公务员有不具备公务员条件、不符合报考职位要求、不能胜任职位工作等情形的，取消录用。

新录用公务员有公务员法第八十九条规定情形的，不得取消录用。

8. 在公务员考试中舞弊行为应当承担什么样的后果?

案情

王某立志当一名公务员，但是她已经报名参加过两次省公务员考试，都没有通过。为了能通过今年的省考，王某报名参加了某培训机构组织的省考培训班，经过三个月的准备，王某还是没有足够的把握能通过这次考试。听培训机构的工作人员陈某说他有办法弄到今年省考的试题，只要王某支付一笔费用，就将试题的答案给她。王某考虑再三，最后答应了陈某。在参加考试时，王某的作弊行为被发现，主考官取消了她的考试资格，并且在五年内不得再报考公务员考试。王某为此十分懊悔，但也没有办法改变这一事实。请问，在公务员考试中舞弊应当承担什么样的后果?

解析

根据我国《公务员录用规定》第三十五条的规定，参加公务员考试的人员应当遵守录用纪律，不得有舞弊等行为的发生，对违反录用纪律者，根据情节的轻重应当依法给予考试成绩无效、取消资格等处理。若违规情节严重的，将给予五年内限制报考的处理；若违规情节特别严重的，将给予终身限制报考的处理；若违规行为涉嫌犯罪的，将被依法追究刑事责任。具体到上述案例，王某为了通过考试，购买了培训机构以非法手段获得的试题答案，在考试中的舞弊行为被监考人员发现，这一行为已经严重违反了《公务员录用规定》的规定，因此可以对她做出取消考试资格、五年内限制报考等惩罚措施。如果王某违法情节严重，已经构成犯罪，她还要依法承担相应的刑事责任。

法　条

《公务员录用规定》

第四十七条　报考者有违反报考规则和管理规定行为的，由公务员主管部门、招录机关或者考试机构按照管理权限，分别采取纠正、批评教育、答卷不予评阅、当科考试成绩为零分、终止录用程序等方式进行现场处置或者事后处置。

报考者有隐瞒真实信息、弄虚作假、考试作弊、扰乱考试秩序等违反录用纪律行为的，情节较轻的，由省级以上公务员主管部门或者设区的市级公务员主管部门给予考试成绩无效、取消资格等处理；情节严重的，给予五年内限制报考的处理；情节特别严重的，给予终身限制报考的处理；涉嫌犯罪的，移送有关国家机关依法处理。

9. 大伯是林业局的领导，侄女可以在林业局担任纪检员吗?

案　情

春节期间，姚某与父亲姚文某、母亲周某到大伯家拜年。姚某的大伯姚某某是市林业局的领导，知道侄女明年6月毕业，就告诉姚某说，一定要报考林业局，到时候可以在工作上照顾一下她，姚某听后非常高兴，并说一定要考该林业局的公务员。

在公务员的报考中，姚某发现该市林业局只有纪检部门有空缺，所以就报了纪检员的职位。但是，在信息审核时林业局的工作人员给姚某发来消息称，经查明，姚某是林业局领导姚某某的侄女，二者属于三代以内的旁系血亲，所以姚某不能报考该市林业局部门的纪检员。姚某对此感到非常疑惑。那么请问，大伯在某部门担任领导，侄女就不能在该部门担任纪检员吗？

解 析

我国《公务员法》第七十四条第一款规定："公务员之间有夫妻关系、直系血亲关系、三代以内旁系血亲关系以及近姻亲关系的，不得在同一机关双方直接隶属于同一领导人员的职位或者有直接上下级领导关系的职位工作，也不得在其中一方担任领导职务的机关从事组织、人事、纪检、监察、审计和财务工作。"同时，我国《公务员录用规定》第二十条对此也规定："报考者不得报考录用后即构成公务员法第七十四条所列情形的职位，也不得报考与本人有夫妻关系、直系血亲关系、三代以内旁系血亲关系以及近姻亲关系的人员担任领导成员的用人单位的职位。"上述案例中，姚某的大伯在该市林业局担任领导，二人存在三代以内的旁系血亲的关系，根据上述的规定，姚某不能再报考林业局纪检员的职位。

法 条

《公务员录用规定》

第二十条 报考者不得报考录用后即构成公务员法第七十四条所列情形的职位，也不得报考与本人有夫妻关系、直系血亲亲关系、三代以内旁系血亲关系以及近姻亲关系的人员担任领导成员的用人单位的职位。

《中华人民共和国公务员法》

第七十四条 公务员之间有夫妻关系、直系血亲关系、三代以内旁系血亲关系以及近姻亲关系的，不得在同一机关双方直接隶属于同一领导人员的职位或者有直接上下级领导关系的职位工作，也不得在其中一方担任领导职务的机关从事组织、人事、纪检、监察、审计和财务工作。

公务员不得在其配偶、子女及其配偶经营的企业、营利性组织的行业监管或者主管部门担任领导成员。

因地域或者工作性质特殊，需要变通执行任职回避的，由省级以上公务员主管部门规定。

10. 公务员登记的对象有哪些？

案 情

楚某是一名中共党员，系某国有企业业务发展部员工。他思想积极向上，政治素质高。在工作方面，他表现优秀，思路开阔，善于学习，有较强的开拓创新意识和进取精神。在人际关系方面，他善于沟通，与同事相处融洽，协调力强。在廉洁方面，他清正廉洁，克己奉公。组织部门经过严格考察和集体讨论，决定将楚某调任至某县商务局发展科任科长。调任后，有关机关要求楚某按照规定的程序进行公务员登记。那么，公务员登记的对象有哪些？

解　析

为了规范公务员登记，依法确定公务员身份，建设信念坚定、为民服务、勤政务实、敢于担当、清正廉洁的高素质专业化公务员队伍，公务员需要进行登记。

根据《公务员登记办法》第六条的规定，登记的对象有："（一）试用期满经考核合格的新录用公务员；（二）按规定安置到公务员职位工作的军队转业干部；（三）通过调任、聘任、面向社会选拔等方式到机关任职的人员；（四）原不具有公务员身份，依照法律或者有关章程经选举等方式担任机关领导职务的人员；（五）已经进行参照公务员法管理机关（单位）工作人员登记，因工作需要交流到机关任职的人员；（六）其他符合登记条件的人员。"根据《公务员登记办法》第七条的规定，对违反有关法律法规和政策规定进入机关的人员，不予登记。在上面的案例中，楚某属于从国企调任至机关单位工作的人员，应属于公务员登记的对象。

法　条

《公务员登记办法》

第六条　登记的对象：

（一）试用期满经考核合格的新录用公务员；

（二）按规定安置到公务员职位工作的军队转业干部；

（三）通过调任、聘任、面向社会选拔等方式到机关任职的人员；

（四）原不具有公务员身份，依照法律或者有关章程经选举等方式担任机关领导职务的人员；

（五）已经进行参照公务员法管理机关（单位）工作人员登记，因工作需要交流到机关任职的人员；

（六）其他符合登记条件的人员。

第七条　对违反有关法律法规和政策规定进入机关的人员，不予登记。

11. 哪些人员不得进行调任？

案　情

不久前，A市委组织部通过媒体公示，拟选拔在职的乡镇党委书记到省直机关任职。在A市清梅镇任党委书记的曾某通过了初审。清梅镇一名村民向A市委组织举报，称曾某在参加工作时，对年龄和学历造假。接到举报后，A市委组织认为曾某涉嫌违法违纪，并立即对曾某展开调查。在调查的过程中，A市委组织部取消了曾某调任到省直机关任职的资格。曾某对此表示不服，认为自己并无违法违纪的行为，在没有对事情调查清楚之前，不能取消自己调任的资格。请问，哪些人员不得进行调任？

解　析

我国《公务员调任规定》第八条对不能进行调任的公务员人员作出了详细规定，这些人员包括："（一）因犯罪受过刑事处罚的；（二）被开除中国共产党党籍的；（三）被开除公职的；（四）被依法列为失信联合惩戒对象的；（五）涉嫌违纪违法正在接受有关专门机关审查尚未作出结论的；（六）受处分期间或者未满影响期限的；（七）正在接受审计机关审计的；（八）法律、法规规定的其他情形。”具体到上述案例，A 市委组织部在对乡镇党委书记到省直机关任职的初审名单予以公示时，清梅镇村民对名单中的曾某进行了举报，A 市委组织部因此对曾某展开调查，因曾某涉嫌对其年龄、学历造假而被 A 市委组织部调查，并且尚未作出结论，根据上述条文的规定，符合上述第五种情形，所以不得对他进行调任。

法　条

《公务员调任规定》

第八条　有下列情形之一的人员，不得调任：

（一）因犯罪受过刑事处罚的；

（二）被开除中国共产党党籍的；

（三）被开除公职的；

（四）被依法列为失信联合惩戒对象的；

（五）涉嫌违纪违法正在接受有关专门机关审查尚未作出结论的；

（六）受处分期间或者未满影响期限的；

（七）正在接受审计机关审计的；

（八）法律、法规规定的其他情形。

12. 调任应遵守哪些纪律规定？

案　情

某天，某省编办接到电话举报，称 M 市委书记、副市长刘某违规对公务员进行调任。省编办及时向省编委副主任报送了有关情况，并建议由省纪检、组织、人事、编制等部门组成联合调查组对此事进行专项查办。经联合调查组查实，2019 年 2 月，M 市委书记、副市长刘某违反机构编制和人事管理纪律，未经集体研究，个人签字批准 M 市的党政机关突击进人 6 名，其中劳动局已满编，为超编进人。在查证属实的情况下，省编办依相关法律法规对刘某作出了相应处理。请问，我国法律对公务员调任在程序上在哪些要求，调任可以由领导一人说了算吗？

解　析

上述案例涉及的问题是对公务员进行调任能否由领导一人说了算。我国《公务员调任规定》第十七条第二项对此作出了明确规定："调入机关应当严格履行有关程序，按照干部管理权限集体讨论决定，不得个人或者少数人说了算，弄虚作假，搞不正之风，不得将调任用于人员安置、解决待遇，不得突击调任人员。"在本案中，M 市委书记、副市长刘某未经集体研究，独自批准 M 市的党政机关进入人员数名，这一做法违反了上述条文的规定，是不合法的。除此之外，我国《公务员调任规定》第十七条还规定对公务员进行调任需遵守的其他纪律：调任审批或者备案机关应当严格履行职责，认真审核把关，不得随意降低标准，放宽条件；调出单位应当严格执行干部人事管理工作的有关法规、政策，提供真实情况，不得突击提拔；参加考察的人员应当如实反映考察情况和意见，不得隐瞒、歪曲事实真相；调任人员应当遵守有关规定，接到调动通知后，在规定期限内办理行政、工资关系等有关手续等。

法 条

《公务员调任规定》

第十七条 调任应当遵守下列纪律：

（一）调任审批或者备案机关应当严格履行职责，认真审核把关，不得随意降低标准，放宽条件；

（二）调入机关应当严格履行有关程序，按照干部管理权限集体讨论决定，不得个人或者少数人说了算，弄虚作假，搞不正之风，不得将调任用于人员安置、解决待遇，不得突击调任人员；

（三）调出单位应当严格执行干部人事管理工作的有关法规、政策，提供真实情况，不得突击提拔；

（四）参加考察的人员应当如实反映考察情况和意见，不得隐瞒、歪曲事实真相；

（五）调任人员应当遵守有关规定，接到调动通知后，在规定期限内办理行政、工资关系等有关手续。

13. 专业技术人员调任公务员须符合怎样的条件？

案 情

小赵为某国有企业的一名气象高级工程师，今年45岁，博士研究生学历。小赵在气象专业相关领域具有系统、扎实的理论知识和丰富的实践经验，能够全面掌握本领域国内外前沿科技发展动态，在气象现代化建设的农业气象灾害方向具有突出的业务技术水平，曾在核心期刊上发表论文十余篇。小赵业绩突出，曾带领团队解决农业气象灾害中的多项关键技术问题，在农业气象方面具有较高的知名度和影响力。最近，小赵得知某市气象局因为工作需要，在引进气象专业的优秀专业人才。小赵想知道，如果自己要调任某市气象局做公务员须符合怎样的条件？

解　析

专业技术人员在符合一定条件的情况下可以调任公务员。首先，调任公务员的，应当符合《公务员法》第十三条规定的基本条件，主要有国籍、年龄、政治素养、身体条件和心理素质等等。其次，根据《公务员调任规定》第六条规定，专业技术人员调入机关任职的，应当担任副高级专业技术职务两年以上，或者已担任正高级专业技术职务。除此之外，根据调入机关的级别，还有文化程度、年龄等方面的条件。

在上面的案例中，小赵作为某国有企业的一名气象高级工程师，专业知识扎实，实践经验丰富，而某市气象局现在缺乏气象专业的优秀专业人才，如果其具备公务员的基本条件，是可以被调任公务员的。

法　条

《中华人民共和国公务员法》

第十三条　公务员应当具备下列条件：

（一）具有中华人民共和国国籍；

（二）年满十八周岁；

（三）拥护中华人民共和国宪法，拥护中国共产党领导和社会主义制度；

（四）具有良好的政治素质和道德品行；

（五）具有正常履行职责的身体条件和心理素质；

（六）具有符合职位要求的文化程度和工作能力；

（七）法律规定的其他条件。

《公务员调任规定》

第六条 调任人选除应当具备公务员法第十三条规定的条件外，还应当具备下列资格条件：

（一）政治立场坚定、政治素质过硬，增强“四个意识”、坚定“四个自信”、做到“两个维护”。

（二）具有胜任工作的能力素质、文化水平和专业素养，勤奋敬业、实绩突出。

（三）具有与拟调任职位要求相当的工作经历和任职资历。

（四）具备公务员法及其配套法规规定的晋升至拟任职务职级累计所需的最低工作年限。

专业技术人员调入机关任职的，应当担任副高级专业技术职务2年以上，或者已担任正高级专业技术职务。

（五）调入中央机关、省级机关任职的，应当具有大学本科以上文化程度；调入市（地）级以下机关任职的，应当具有大学专科以上文化程度。

（六）调任厅局级领导职务或者一级、二级巡视员及其他相当层次职级的，原则上不超过55周岁；调任县处级领导职务、县级和乡镇机关乡科级领导职务或者一级至四级调研员及其他相当层次职级的，原则上不超过50周岁；调任其他乡科级领导职务的，原则上不超过45周岁。

（七）符合法律、法规、章程规定的其他条件。

因工作特殊需要，前款第（四）、（五）、（六）项所列条件需适当调整的，应当符合下列情形之一：领导班子结构需要或者调任职位有特殊要求的；专业性较强的岗位或者重要专项工作急需的；艰苦边远地区、贫困地区急需引进的。调整时，市（地）级以下机关应当按照干部管理权限报上一级公务员主管部门批准同意，省级以上机关应当按照干部管理权限报同级公务员主管部门批准同意。

必要时，省级公务员主管部门可根据本地区干部人才队伍实际，对第一款第（四）、（五）、（六）项条件作统一规定，报中央公务员主管部门同意后实施。

14. 五年内有一次考核结果为“不合格”的公务员，能否晋升职级？

案　情

小丽是某单位的一名公务员，已经在这个部门工作了十多年的时间。刚开始，小丽对待工作还算勤谨，但随着年龄的增加，逐渐放松了对自己的要求，上班经常迟到早退，对领导交办的任务也不能按时完成。年度考核时，小丽连续多次被评定为“基本称职”等次。自从工作以来，她只有四年考核结果在“称职”及以上等次。今年，小丽单位有两个晋升职级的名额，那么，小丽是否符合晋升职级的条件呢？

解　析

小丽不满足晋升职级的条件。年度考核结果分为“优秀”“称职”“基本称职”和“不称职”四个等次，根据我国《公务员职务、职级与级别管理办法》第五条规定，公务员累计五年年度考核结果均为称职以上等次的，才可以晋升职级。也就是说，在年度考核中，只有累计达到五次“优秀”或者“称职”的才有资格晋升职级。

在本案中，小丽连续多次被评定为“基本称职”等次，且自从她工作以来，只有四年考核结果在“称职”及以上等次，因此，她不满足晋升职级的条件。

法 条

《公务员职务、职级与级别管理办法》

第十四条 公务员累计5年年度考核结果均为称职以上等次的，可以在领导职务、职级对应级别范围内晋升一个级别。

15. 公务员晋升职级，应当具备哪些基本条件？

案 情

小黄大学毕业后，通过公务员考试到了某县委宣传部门工作，她为人热情友善，对待工作认真负责，得到了领导和同事的一致认可。工作五年后，她担任了办公室主任一职。最近，为了鼓励优秀年轻干部，县委组织部门决定选拔一批优秀干部晋升职级。小黄认为自己各方面条件都还不错，不知道是否有晋升职级的机会。那么，公务员晋升职级应当具备哪些基本条件呢？

解　析

公务员晋升职级是与领导职务并行的晋升渠道，可以体现公务员的政治素质、业务能力、资历贡献等等，对个人的发展十分重要。公务员晋升职级需要满足一定的条件，我国《公务员职务与职级并行规定》第十七条规定了公务员晋升职级需要具备的基本条件：一是政治素质好，拥护中国共产党的领导和社会主义制度，坚决维护习近平总书记核心地位，坚决维护党中央权威和集中统一领导；二是具备职位要求的工作能力和专业知识，忠于职守，勤勉尽责，勇于担当，工作实绩较好；三是群众公认度较高；四是符合拟晋升职级所要求的任职年限和资历；五是作风品行好，遵纪守法，自觉践行社会主义核心价值观，清正廉洁。

在本案中，小黄作为一名各方面条件都比较优秀的公务员，如果她满足以上五项条件，则有资格晋升职级。

法　条

《公务员职务与职级并行规定》

第十七条　公务员晋升职级，应当在职级职数内逐级晋升，并且具备下列基本条件：

（一）政治素质好，拥护中国共产党的领导和社会主义制度，坚决维护习近平总书记核心地位，坚决维护党中央权威和集中统一领导；

（二）具备职位要求的工作能力和专业知识，忠于职守，勤勉尽责，勇于担当，工作实绩较好；

（三）群众公认度较高；

（四）符合拟晋升职级所要求的任职年限和资历；

（五）作风品行好，遵纪守法，自觉践行社会主义核心价值观，清正廉洁。

16. 只要达到最低任职年限就必然会晋升吗?

案情

老张和老王是某省公务员，二人同年入职，也是多年的工作伙伴。后来，二人均走上了领导岗位。由于年岁渐长，二人对待工作的态度开始产生差距，张某依旧任劳任怨、对待工作敢于担当，王某却总是以自己岁数大了为借口，推脱工作。不久前，该省委组织部门决定在张某退休前将其工作职级晋升为二级巡视员，并相应地提高待遇。王某得知此消息后，认为自己任一级调研员已经有五六年的时间了，也应当符合晋升职级的条件，便找到领导理论此事。请问，只要达到最低任职年限就必然会晋升吗?

解析

不是达到最低任职年限就必然会晋升。公务员晋升职级除了需要满足任职年限的基本条件以外，还需要综合考虑工作需要、实绩表现等多方面因素。我国《公务员职务与职级并行规定》第十八条不仅明确规定了公务员晋升职级应当符合基本的年限要求，还规定了公务员晋升职级应当根据工作需要、德才表现、职责轻重、工作实绩和资历等因素综合考虑，而不是达到最低任职年限就必须晋升，也不能简单按照任职年限论资排辈。由此可知，公务员晋升职级应当能够体现正确的用人导向。

在本案中，虽然王某与张某同年入职，也满足晋升职级的基本条件，但是由于王某后来的工作表现不尽如人意，综合考虑多方面因素，王某不能晋升职级也符合法律规定。

法　条

《公务员职务与职级并行规定》

第十八条　公务员晋升职级，应当具备下列基本资格：

（一）晋升一级巡视员，应当任厅局级副职或者二级巡视员4年以上；

（二）晋升二级巡视员，应当任一级调研员4年以上；

（三）晋升一级调研员，应当任县处级正职或者二级调研员3年以上；

（四）晋升二级调研员，应当任三级调研员2年以上；

（五）晋升三级调研员，应当任县处级副职或者四级调研员2年以上；

（六）晋升四级调研员，应当任一级主任科员2年以上；

（七）晋升一级主任科员，应当任乡科级正职或者二级主任科员2年以上；

（八）晋升二级主任科员，应当任三级主任科员2年以上；

（九）晋升三级主任科员，应当任乡科级副职或者四级主任科员2年以上；

（十）晋升四级主任科员，应当任一级科员2年以上；

（十一）晋升一级科员，应当任二级科员2年以上。

公务员晋升职级应当根据工作需要、德才表现、职责轻重、工作实绩和资历等因素综合考虑，不是达到最低任职年限就必须晋升，也不能简单按照任职年限论资排辈，体现正确的用人导向。

17. 在哪些情况下，公务员不得晋升职级？

案 情

李某是某县水务部门副局长，对待工作一直认真负责。但是，几个月前，因为家中琐事繁多，李某放松了对工作的要求，由于一时工作疏忽，该县某条河道整治清理工作在上级验收时没有通过，李某因此被诫勉。最近，该县委组织部门研究决定为部分干部晋升职级，那么，此次晋升职级李某是否符合条件呢？在哪些情况下公务员不得晋升职级？

解 析

此次晋升职级李某不符合条件。我国《公务员职务与职级并行规定》第二十一条规定了公务员不得晋升职级的四种情况：一是不符合该规定第十七条、第十八条规定的；二是受到诫勉、组织处理或者处分等影响期未满或者期满影响使用的；三是涉嫌违纪违法正在接受审查调查尚未作出结论的；四是影响晋升职级的其他情形。由此可知，存在以上四种情形之一的公务员不得晋升职级。

在本案中，李某因为河道整治清理工作在上级验收时没有通过，受到了诫勉的处理，由于诫勉处理的影响期间为6个月，因此，李某不符合晋升职级的条件。

法　条

《公务员职务与职级并行规定》

第二十一条　公务员具有下列情形之一的，不得晋升职级：

（一）不符合第十七条、第十八条规定的；

（二）受到诫勉、组织处理或者处分等影响期未满或者期满影响使用的；

（三）涉嫌违纪违法正在接受审查调查尚未作出结论的；

（四）影响晋升职级的其他情形。

18. 在哪些情况下，公务员要降低职级？

案　情

赵某为某市公务员，擅长处理人际关系、情商较高，深得领导的喜欢。后来，赵某担任了该市环保部门的领导。由于赵某工作能力有限，在重要部门担任领导职位非常吃力，各项考核指标经常不合格。一次，因为疏于监管，该市某企业偷偷排放废水对环境造成了极大的破坏，出现了严重的污染事故，赵某因此被问责，受到了撤职的处分。那么，此种情况下，赵某除了被撤去领导职务外，公务员职级也会降低吗？

解　析

公务员职级实现“能上能下”可以激发公务员队伍的活力，在打开公务员晋升渠道的同时，也让不配享有现在级别和待遇的公务员“下来”，进一步促进公务员干部队伍主动提高自身能力素质。我国《公务员职务与职级并行规定》第二十二条规定了公务员职级降低的四种情形：一是不能胜任职位职责要求的；二是年度考核被确定为不称职等次的；三是受到降职处理或者撤职处分的；四是法律法规和党内法规规定的其他情形。通过此种方式，可以推动公务员履职尽责，防止有些人在重要的岗位上“尸位素餐”。

在本案中，由于赵某的工作能力不够并且工作不到位造成当地出现重大环境污染事故，因此他受到了撤职处理，符合降低职级的第三种情形，应当按照规定降低职级。

法　条

《公务员职务与职级并行规定》

第二十二条　公务员职级实行能上能下，具有下列情形之一的，应当按照规定降低职级：

（一）不能胜任职位职责要求的；

（二）年度考核被确定为不称职等次的；

（三）受到降职处理或者撤职处分的；

（四）法律法规和党内法规规定的其他情形。

第四章

公务员培训

现代社会日新月异，各种新事物、新问题不断涌现，为了让国家公务员更好地迎接挑战，适应工作岗位的新任务和提出的新要求，法律规定各类公务员必须参加培训，并且对其参加培训的时间作出了规定。接受培训不仅是公务员的义务，也是一项权利，如此一来，公务员可以通过培训提升自己的业务水平和业务能力，使自己能够更好地胜任工作。当然，为了让公务员安心地接受培训，在公务员参加脱产培训期间，其各项工资和福利待遇也与在职人员相同。

1. 公务员必须参加培训吗?

案　情

吴某是某县人民法院院长，他从开始参加工作就在该县法院担任法官，现如今已经在该县法院工作了 20 年。吴某经过自己的努力，职位一步步上升，从庭长升职到院长。每一次升职时，吴某都要参加一次公务员培训，现在已经十分了解该法院的各项规章制度。在今年年初的换届中，吴某众望所归，当选了该县法院的院长。吴某原本以为，当选该法院院长以后，就可以不用再参加公务员培训。出乎吴某意料的是，他刚一上任，人事部门就告知他，要去参加培训。虽然参加了这么多次培训，吴某还是想知道公务员必须参加培训吗？参加培训是否有时间限制呢？

解　析

公务员与时俱进，不断学习，不断提高自己的业务水平和业务素质，以便更好地在自己的岗位上服务社会，服务人民群众。根据《公务员培训规定》第六条的规定，公务员有接受培训的权利和义务。因此每一个公务员，无论处于什么职位，都有接受培训的义务，只不过是不同的岗位接受培训的时间不同。一般公务员每年参加党校（行政学院）、干部学院等单位的培训不少于 12 天或者 90 个学时以上，县处级以上领导职务的公务员每 5 年应当参加党校（行政学院）、干部学院等单位的培训，累计培训时间不少于 3 个月或者 550 个学时以上。因此在本案中，即使吴某已经是法院院长，也必须参加培训，并且按照法律规定，其5年内累计参加的培训时间不应少于3个月或者550个学时。

法 条

《公务员培训规定》

第六条 公务员有接受培训的权利和义务。

第七条 公务员培训的对象是全体公务员。公务员主管部门和公务员所在机关根据公务员工作岗位和职业发展需要安排公务员参加相应的培训。

担任县处级以上领导职务的公务员每5年应当参加党校（行政学院）、干部学院，以及经公务员主管部门或者公务员所在机关认可的其他培训机构累计3个月或者550学时以上的培训。提拔担任领导职务的公务员，确因特殊情况在提任前未达到培训要求的，应当在提任后1年内完成培训。

其他公务员参加培训的时间一般每年累计不少于12天或者90学时。

有计划地加强对优秀年轻公务员的培训。

2. 公务员培训内容主要包含哪些方面呢?

案 情

李某今年刚从某政法大学毕业，为了将自己所学知识学以致用，决定报考该市某区人民法院的法官助理。经过统一笔试、面试的层层选拔，李某最终通过了该考试。被正式录用之后，李某参加了该市高院组织开展的新录用公务员初任培训班，高院党组书记杨某出席开班仪式并作出重要讲话。在杨某的带领下，全体新录用的公务员进行宪法宣誓。在本次培训班上，出席的法官、法学教授从思想政治教育、专业技能、职业道德等方面对新录用的公务员进行了培训。那么具体来讲，公务员培训内容主要包含哪些方面呢？

解析

为增强公务员的使命感，明确其职责，公务员有培训的权利和义务，并且公务员培训情况、学习成绩将会作为公务员考核的内容和任职、晋升的依据之一。公务员培训主要分为初任培训、任职培训、专门业务培训和在职培训等。根据《公务员培训规定》第十条、第十一条、第十二条的规定，公务员培训包括以下三个方面的内容：一是突出政治素质的培养，进行思想政治教育，深入学习、贯彻习近平新时代中国特色社会主义思想，自觉在思想上政治上行动上与党中央保持高度一致；二是加强专业技能培训，以党中央重大决策部署为依托，根据岗位特点和工作要求，有针对性地开展履行岗位职责所必备的能力素质、知识体系培训和廉政警示、职业道德教育；三是根据公务员种类、级别的不同，综合考虑其培训需求，然后进行有针对性的培训。

在本案中，李某参加的培训属于新录用公务员的初任培训，该培训可以使李某尽快熟悉和了解自己的工作性质，明确自己的工作内容，迅速进入到工作状态。

法 条

《公务员培训规定》

第十条 突出政治素质，把深入学习贯彻习近平新时代中国特色社会主义思想作为公务员培训的重中之重，持续加强党的理论和路线方针政策、理想信念教育，强化党史、新中国史、改革开放史学习，引导公务员增强“四个意识”，坚定“四个自信”，做到“两个维护”，自觉在思想上政治上行动上同以习近平同志为核心的党中央保持高度一致。

第十一条 围绕中心，服务大局，培养公务员专业能力、专业精神，提高制度执行力和治理能力。加强形势任务教育，紧扣统筹推进“五位一体”总体布局和协调推进“四个全面”战略布局、贯彻落实新发展理念、深化供给侧结构性改革、实施七大战略、打赢三大攻坚战和推动“一带一路”建设等党中央重大决策部署，根据岗位特点和工作要求，有针对性地开展履行岗位职责所必备的能力素质、知识体系培训和廉政警示、职业道德教育，引导公务员强化宗旨意识，发扬斗争精神，勇于担当作为，不断提高用习近平新时代中国特色社会主义思想指导分析和解决问题、适应新时代中国特色社会主义发展要求的能力。

第十二条 推进分类分级培训，加强培训需求调研。

综合管理类公务员，强化公共管理和公共服务等培训。专业技术类公务员，强化专业知识和专业技能等培训。行政执法类公务员，强化法律法规和执法技能等培训。

领导机关公务员，强化政策制定、调查研究等能力培训。基层公务员，强化社会治理、联系服务群众等能力培训。

3. 公务员参加脱产培训时还能领工资吗？

案 情

邵某大学毕业后，通过参加公务员考试，成为当地某机关的一名公务员。经过一年的锻炼，邵某逐渐熟悉了日常工作的流程，各项工作干起来也十分得心应手，因此，很受领导的器重。最近该机关组织脱产培训，单位领导很看重邵某，认为应该将此次宝贵的培训机会给予邵某，单位领导便找邵某谈话，征询邵某的意见。邵某本人也认为这是一次提升自己的好机会，便答应了单位领导，决定参加该次脱产培训。可是刚离开领导办公室，邵某就有些后悔，自己参加脱产培训要离开工作岗位一段时间，自己不参加工作，不知道单位是否会继续给自己发工资。那么请问，公务员参加脱产培训是否还能领工资呢？

解 析

脱产培训又称脱产教育培训，是指离开工作单位和工作场所，接受集中的教育培训，以提高公务员的业务素质和能力等的培训，属于公务员培训的一种。为了保障参加脱产培训的各类国家公务员的合法权益，使其安心地参加脱产培训，依照《公务员培训规定》第九条的规定，公务员按规定参加组织选派的脱产培训期间，其工资和各项福利待遇与在岗的工作人员相同。并且，一般不承担所在机关的日常工作、出国（境）考察等任务。由此可以看出，公务员参加脱产培训期间，其工资会照发，不会因为参加脱产培训，而出现少发或者不发工资的问题。在本案中，邵某完全没有必要担心工资问题，他在参加脱产培训期间，各项工资和福利待遇会像以往一样，照常发放，因此，其可以安心地参加脱产培训，提高自身的业务水平。

法 条

《公务员培训规定》

第九条 公务员按规定参加组织选派的脱产培训期间，其工资和各项福利待遇与在岗人员相同，一般不承担所在机关的日常工作、出国（境）考察等任务。因特殊情况确需请假的，必须严格履行手续。

公务员个人参加社会化培训，费用一律由本人承担，不得由财政经费和单位经费报销，不得接受任何机构和他人的资助或者变相资助。

4. 法律对初任培训时间和内容是如何规定的?

案 情

贾某大学本科学的是法学专业，在大四上学期通过了法律职业资格考试，后大学毕业后参加了国家公务员考试，现在在某市的基层法院做一名执行法官。该法院与贾某约定，试用期为一年。初到法院工作的贾某，对待工作认真负责，遇到不懂的问题谦虚地请教同事，因此很受同事和领导的欢迎。一个月后，领导突然找到贾某，告知他依照法律规定，贾某在试用期内应参加公务员培训，并且此次培训有助于贾某更好地适应其工作岗位和工作环境。贾某告诉领导自己会很认真地对待此次培训。贾某毕竟刚刚参加工作，对公务员系统内的很多规章制度都不太了解，不知道什么是初任培训，也不知道初任培训的内容是什么，更不了解法律对初任培训的时间是否有规定。

解　析

初任培训是国家规定的公务员培训形式之一，主要是针对新录用的公务员进行的培训，以帮助新录用的公务员提高自身水平，尽快地适应新的工作环境，胜任新的工作岗位。依照《公务员培训规定》第十四条的规定，初任培训重点在于提高新录用公务员的思想政治素质和依法依规办事等适应机关工作的能力。当然对于新录用的公务员进行初任培训主要在试用期内完成，且培训的时间应不少于12天。因此在本案中，贾某作为一名新录用的法官，应该依照我国法律的规定，在试用期内参加公务员初任培训，并且参加初任培训的时间应不少于12天。

法　条

《公务员培训规定》

第十四条　初任培训是对新录用公务员进行的培训，重点提高其思想政治素质和依法依规办事等适应机关工作的能力。

初任培训由公务员主管部门统一组织，主要采取公务员主管部门统一举办初任培训班和公务员所在机关结合实际开展入职培训的形式进行。专业性较强的机关按照公务员主管部门的统一要求，可自行组织初任培训。

初任培训中应当组织新录用公务员公开进行宪法宣誓。

初任培训应当在试用期内完成，时间一般不少于12天。

5. 任职培训应在何时进行，培训时间为多久?

案 情

司某是某县农业局的一名科员，已经在该工作岗位上工作五年了。他积极进取、事业心非常强。刘某是该农业局的一名科长，是司某的直属领导已经到了退休的年龄，打算在今年年底退休，届时刘某所在的科长职位将处于空缺的状态，需要拟选新的科长。经过农业局领导之间的协商，加之同事们的积极推荐，司某获得一致好评。经过筛选和选拔，司某被拟选为新任科长。一天，领导告知司某，为了其更好地胜任科长职位的工作，提高自己的能力和水平，因此要参加 15 天的任职培训。司某感到很疑惑，任职培训应在何时进行，培训时间为多久?

解 析

任职培训的对象是晋升领导职务的公务员，对于晋升领导职务的公务员来说，面对的是新的更高的岗位，对业务水平和工作能力等方面的要求更为严格，因此需要对其进行培训。依照《公务员培训规定》第十五条的规定，任职培训的重点在于提高晋升领导职务的公务员的政治能力和领导能力。任职培训应当在公务员任职前或任职后一年内进行。针对不同的领导职务，培训时间也不相同，对于担任县处级副职以上领导职务的公务员任职培训时间原则上不少于 30 天，担任乡科级领导职务的公务员任职培训时间原则上不少于 15 天。在本案中，司某在一年内即将升任为科长，属于乡科级领导职务，因此其为了迎接新职位带来的挑战，应参加任职培训，培训时间不少于15天。

法　条

《公务员培训规定》

第十五条　任职培训是按照新任职务的要求，对晋升领导职务的公务员进行的培训，重点提高其胜任职务的政治能力和领导能力。

任职培训应当在公务员任职前或者任职后一年内进行。

担任县处级副职以上领导职务的公务员任职培训时间一般不少于30天，担任乡科级领导职务的公务员任职培训时间一般不少于15天。

调入机关任领导职务的公务员，依照前款规定参加任职培训。

6. 在职培训考试不合格对公务员会有什么影响？

案　情

杨某是某政府机关的会计，已经从事该工作三年。今年年初，杨某生小孩，休了一段时间的产假。现在产假结束，杨某回到单位工作，恰好赶上了单位组织的在职培训。单位领导考虑到杨某请了一段时间的产假，对工作难免生疏，于是决定让杨某参加此次培训，主要目的是让其学习会计领域的新知识，提高工作能力。可是杨某在参加此次培训时，挂念着自己刚出生的女儿，并没有将全部心思放在学习上，在职培训结束后，杨某和其他在职培训的公务员一同参加了在职培训考试，杨某成绩为不合格。杨某内心非常恐慌，认为考核结果不合格肯定会对自己产生非常不利的影响。那么，在职培训考试不合格对公务员会有什么影响？

解　析

在职培训的对象是全体公务员，在职培训的目的是及时学习领会党中央决策部署、提高政治素质和工作能力、更新知识。与专门业务培训一样，法律对在职培训的内容和时间没有具体规定，在职培训的内容、时间和要求由各级组织、人事部门和机关根据需要确定。当然公务员参加在职培训后，需要参加在职培训考试。单位进行年度考核时，对考核不合格的公务员不能确定为优秀等次。这样做的目的主要是激励公务员能好好利用在职培训这样难得的机会，切实提高自身业务水平。在本案中，杨某参加在职培训考试不合格，在今年年度考核中，将不能被确定为优秀等次。

法　条

《公务员培训规定》

第十七条　在职培训是对全体公务员进行的培训，目的是及时学习领会党中央决策部署、提高政治素质和工作能力、更新知识。

在职培训重点增强公务员素质能力培养的系统性、持续性、针对性、有效性，时间和要求由各级公务员主管部门和公务员所在机关根据需要确定。

7. 没有参加初任培训的新录用公务员不能任职定级吗？

案　情

张某通过参加当地的公务员录用考试并经过一系列程序后，成为当地政府的一名新录用公务员。根据组织、人事部门的统一组织，张某和其他新录用公务员在试用期内将进行为期十五日的初任培训。但是由于自己正在孕期的最后阶段，没有参加初任培训。产后，张某返回单位，发现除了自己外，同批新录用的公务员都有了相应职务和级别。张某问及同事，同事说是因为她没有参加初任培训的缘故。张某疑惑，没有参加初任培训的新录用公务员就不能任职定级吗？

解　析

没有参加初任培训的新录用公务员不能任职定级。公务员培训是为了建设高素质的公务员队伍，对于新录用的公务员，需要通过培训来提高适应机关工作的能力、提升自身素质，然后再任职。如不参加培训就任职定级，那么很可能会因为能力的欠缺影响到此后工作的进行。因此，我国《公务员培训规定》第十八条第一款规定，没有参加初任培训或初任培训考核不合格的新录用公务员，不能任职定级。本案中，张某由于没有参加初任培训，所以就不能任职定级。现在她应该做的，就是及时进行补训。

法 条

《公务员培训规定》

第十八条 没有参加初任培训或者初任培训考核不合格的新录用公务员，不能任职定级。

没有参加任职培训或者任职培训考核不合格的公务员，应当根据不同情况，按有关规定处理。

专门业务培训考核不合格的公务员，不得从事专门业务工作。

公务员因故未按规定参加培训或者未达到培训要求的，应当及时补训。无正当理由不参加培训的公务员，根据情节轻重，给予批评教育、责令检查、诫勉、组织调整或者组织处理、处分。培训考核不合格的，年度考核不得确定为优秀等次。

8. 公务员在参加培训期间违反培训有关规定的要给予处分吗？

案 情

老周在某局已经工作了十多年，是局里的老公务员了。经过十几年的努力工作，老周终于在自己退休的前几年光荣地晋升为局里的领导。任职后，按照新任职务的要求，老周参加了为期三十日的任职培训。培训期间，按照规定老周应当每日按时亲自参加培训并签到签退，但因为各种大小事务影响，老周不止一次在签到后就偷偷离开培训场地外出办事。后来，老周竟然索性找了个长相相似的人顶替自己签到签退参加培训。因顶替参加培训之人心虚，此事被揭发曝光，引起了轩然大波。老周因此被给予处分。老周不服，公务员在参加培训期间违反培训有关规定的要给予处分吗？

解　析

公务员在参加培训期间违反培训有关规定情节严重的，会被给予处分。没有规矩，不成方圆。公务员的培训工作对象广、数量大，要想科学化、制度化、规范化地进行培训，就必须有奖有惩。同时，作为百姓表率的公务员，也必须具有遵纪守法的素质和榜样力量。因此，我国《公务员培训规定》第八条规定，公务员在参加培训期间违反培训有关规定和纪律的，视情节轻重，给予批评教育、责令检查、诫勉、组织调整或组织处理、处分。本案中，老周从本应自己参加培训到自己签到后外出办事发展至直接找人顶替自己签到签退参加培训的行为，明显违反了培训的规定，其行为引起轩然大波，影响严重，被给予处分系依法处理。

法　条

《公务员培训规定》

第八条　公务员应当服从组织调训，遵守培训的规章制度，完成规定的培训任务。培训经考核合格后，获得相应的培训结业证书。

公务员参加培训期间违反培训有关规定和纪律的，视情节轻重，给予批评教育、责令检查、诫勉、组织调整或者组织处理、处分。弄虚作假获取培训经历、学历或者学位的，按照有关规定严肃处理。

第五章

公务员奖励

公务员奖励是指在公务员管理活动中，各级机关依据公务员管理法规对在工作中表现突出、有显著成绩和贡献的公务员，以及有其他突出事迹的公务员所给予的奖励。公务员奖励制度，不仅能保证贯彻实施我国现行有关奖励制度的规定，更能够优化公务员成长环境、鼓励公务员积极向上，同时也能够实现个人目标与社会贡献的统一。但是，在实践操作中，对公务员进行奖励要本着公平公正的原则，对哪些人、哪些事能够奖励、怎么进行奖励、奖励的撤销等事宜都要严格依照法律的规定，从而切实发挥奖励的激励作用。

1. 单位能否对公务员的发明创造进行奖励?

案 情

1986年，吴某大学毕业，被分配到某铁路公司的科研部工作，至今已在铁路行业从业三十余年。吴某从最基层的生产一线上开始做起，在平凡的技术岗位上默默打拼。后来，在多次参加了国内大型铁路项目建设后，吴某迅速成长起来，为工程革新作出了突出的贡献。吴某凭借自己优异的成绩被调入铁路交通局，负责指挥铁路交通局的科技研发工作。在新的岗位上，吴某依然没有放弃学习，依然是同事们眼中的“工作狂”，尤其是在一次铁路轨道技术革新任务中，他经常牺牲休息时间，查阅大量资料，在历经上千次的试验后，终于顺利完成了研发任务，大大强化了铁路安全、提高了铁路利用效率。吴某的工作作风，连一同工作的德国专家们都夸赞连连。吴某所在单位的铁路交通局为了奖励其作出的巨大贡献，最终决定对吴某进行奖励。那么，对于公务员的发明创造，单位能否进行奖励呢?

解 析

公务员进行发明创造的，单位可以对其进行奖励。我国《公务员奖励规定》第五条明确规定，公务员、公务员集体在工作中有发明创造或者提出合理化建议，取得显著经济效益或者社会效益的，给予奖励。对此，我国《公务员法》也有相关规定。在我国的公务员队伍中，有负责政务工作的公务员，也需要进行技术科研的公务员，但目前为止，技术性公务员所占比例太少，为了把我国的公务员队伍建设成一支有科学涵养和高素质的队伍，我们需要对进行发明创造的人才进行培养和奖励，以此去激励有发明创造潜质的公务员深入发明创造的一线工作中，踏踏实实研究，为我国的科研工作做出贡献。具体到本案例中，吴某作为一名铁路交通局的工作人员，常年坚持在铁路交通局科研部的一线工作中，完成了铁路轨道的技术革新工作，大大提高了火车的安全性和运作效率，取得了显著的经济效益和社会效益，完全符合上述法条给予奖励的情形，因此单位能对其进行奖励。

法 条

《公务员奖励规定》

第五条 公务员、公务员集体有下列情形之一的，给予奖励：

……

（三）在工作中有发明创造或者提出合理化建议，取得显著经济效益或者社会效益的；

……

《中华人民共和国公务员法》

第五十二条 公务员或者公务员集体有下列情形之一的，给予奖励：

……

（三）在工作中有发明创造或者提出合理化建议，取得显著经济效益或者社会效益的；

……

2. 公务员节约国家资产的行为能否被奖励?

案　情

蒋某是某市住建局的领导，近年来该市政府为了拉动当地经济，向住建局下达了任务，要求其积极引进外资，利用得天独厚的地理资源，建造旅游宾馆，发展旅游事业。蒋某作为项目指挥人和专家一起进行了大量的调查研究，结合当地的工程地理位置，为建造高层旅游宾馆和旅游设施作了充分的可行性论证。由于这些准备工作花费了太多时间，同时接到命令的其他区很快就已经进入施工状态了，下属多次建议蒋某赶紧跟上大步伐，以免上级领导批评，但蒋某坚持在前期一定要进行周全的计划，打好基础。后来项目竣工，蒋某凭借严谨的工作计划，使全部工程费用比政府预算少了30%。政府为了奖励蒋某所作出的突出贡献，决定对其进行奖励。那么，政府奖励蒋某符合法律规定吗?

解　析

蒋某获得奖励是符合法律规定的。根据我国《公务员奖励规定》第五条的规定，对于公务员、公务员集体有爱护公共财产，节约国家资财有突出成绩情形的给予奖励。对此，我国《公务员法》也有相关规定。事实上，近年来，国家出台了一系列规章措施打击铺张浪费、挥霍国家资财的行为，严格把控各机关的差旅费、会议费等，以呼应反腐倡廉工作的开展，加强政府自身建设、促进廉政勤政。在这些背景下，主动节约国家资财、爱护公共财产，维护国家利益的行为就显得更加难能可贵了，对实施这些行为的公务员进行一定程度的奖励也非常有必要。具体到本案中，蒋某作为住建局的领导，在自己所负责的旅游项目建设中，通过前期严谨的工作计划、周密的可行性论证，最后不但成功完成了任务，还使项目的工程费用比政府预算少了30%，表现突出，符合上述法律规定的奖励条件，因此有权获得奖励。

法　条

《公务员奖励规定》

第五条　公务员、公务员集体有下列情形之一的，给予奖励：

……

（五）爱护公共财产，节约国家资财有突出成绩的；

……

《中华人民共和国公务员法》

第五十二条　公务员或者公务员集体有下列情形之一的，给予奖励：

……

（五）爱护公共财产，节约国家资财有突出成绩的；

……

3. 是否应奖励及时消除火灾事故有功的公务员呢?

案 情

某日，甘肃省某县的一户居民楼内由于电路老化，突发大火，浓烟滚滚，很快楼内多户住户被大火包围。当地群众立马给消防部门打电话报警，火警赶到现场后发现火势凶猛且受灾面积非常大，于是马上上报给县政府，当晚7时许县委书记李某接到消息后，马上成立以自己为组长的火灾事故应急处置领导组，部署事故救援和处置工作。首先，要求县医院的医护人员迅速赶到火灾现场，开展运送伤员和现场抢救工作。其次，调动县内所有消防资源进行灭火工作，要求尽一切可能抑制火情，对被困人员进行援救。此外，火情得到控制后，做好后续收尾工作，调查火灾原因，做好安全排查措施，召开新闻发布会，及时向公众传递信息。在李某的有序指挥下，火灾救援工作一直有序进行，很快就将大火扑灭，后续安抚调查等工作也有序进行。市政府收到县政府的工作报告后，认为李某抢险及时，安排工作得当，在此次救火中有功，决定对其进行奖励。那么，市政府因李某救火有功而奖励他的做法有法律依据吗?

解 析

本案中的李某应当被奖励，根据我国《公务员奖励规定》第五条的规定，公务员、公务员集体若存在防止或者消除事故有功，使国家和人民群众利益免受或者减少损失的，给予奖励。

同时，我国《公务员法》也有相关规定。奖励作为人才管理的一个重要手段，被广泛运用到各单位组织的管理制度中，它所带来的长效性，可能给公务员或者公务员集体带来一生引以为荣的记忆，对于增强公务员的进取心和荣誉感具有非常重大的意义。根据上述法条规定，若存在防止或者消除事故有功，并使国家和人民群众的利益免受或者减少损失的，有权获得奖励，即公务员既有防止或消除事故有功的立功情形，也有使国家和人民群众利益减免损失的客观结果，只有两个条件都具备时，才能获得奖励。具体到本案中，李某在得知了火灾后，及时成立指挥火灾救援工作小组，指挥救援，使得各项工作有序进行，使火灾能及时扑灭，避免了更大的损失，符合上述法条的奖励条件，所以有权获得奖励。

法 条

《公务员奖励规定》

第五条 公务员、公务员集体有下列情形之一的，给予奖励：

……

（六）防止或者消除事故有功，使国家和人民群众利益免受或者减少损失的；

……

《中华人民共和国公务员法》

第五十二条 公务员或者公务员集体有下列情形之一的，给予奖励：

……

（六）防止或者消除事故有功，使国家和人民群众利益免受或者减少损失的；

……

4. 在抢险救灾中有突出表现的公务员能否得到奖励？

案　情

入夏后，南方暴雨给当地群众的正常生产生活带来很大的影响，湖北省的回安镇亦是如此，特大暴雨让当地民众开始忧心。当地积水不断上涨，暴雨却没有一丝要停下来的意思，晚上若一直下雨，洪水可能会冲破堤岸，后果将不堪设想。就在所有民众都惴惴不安时，当地水务局城镇水务所所长刘某已经在全区防汛应急指挥会议室里和领导一起讨论镇上积水和抢险安排了。在部署好了第一轮计划后，刘某马上跟随救援部队一同前往一线抢险救灾。到达镇西区时，道路上的积水已经深达五六十厘米，有的低洼处的积水甚至已经快两米深，眼看连续不断的大雨即将冲进平房内，形势非常严峻。刘某当即率先带领抢险队兵分两路，迅速疏导地势低洼处的居民。在这次抗洪救灾中，由于刘某及时疏散地势低洼处的群众，在很大程度上减少了人员伤亡和财产损失。那么，对于刘某奋不顾身带头参加抢险的行为，能否得到相应的奖励呢？

解　析

本案中刘某奋不顾身投入洪灾抢险行动中的行为应当得到奖励，根据《公务员奖励规定》第五条的规定，公务员、公务员集体若存在抢险、救灾等特定环境中做出贡献的，给予奖励。

对此，我国《公务员法》也有相关规定。本案中的刘某作为一名公务员，在特大暴雨袭击城区的危急时刻，及时站出来履行作为一名水务干部的职责，发挥公务员为人民服务的精神，无私付出，一直坚持在抗洪救灾的第一线，不顾身体劳累，连续奋战，关键时刻捍卫了人民群众的利益。可以说，刘某的行为诠释了作为一名公务员在抢险救灾中奋不顾身、顽强拼搏的光辉形象，最终也作出了实际性的贡献，对其进行个人奖励不仅符合上述法律规定，还有利于在单位上下形成一股在岗位上无私奉献、积极进取之风。

法　条

《公务员奖励规定》

第五条　公务员、公务员集体有下列情形之一的，给予奖励：

……

（七）在抢险、救灾等特定环境中做出贡献的；

……

《中华人民共和国公务员法》

第五十二条　公务员或者公务员集体有下列情形之一的，给予奖励：

……

（七）在抢险、救灾等特定环境中做出突出贡献的；

……

5. 哪些公务员可能得到颁发纪念证书或者纪念章的奖励?

案　情

近日，某市公安局举行了从警荣誉纪念奖章颁发仪式，为从警10年、20年、30年的民警颁发从警荣誉纪念章。张某已经从警30年，是被授予奖章的人员之一。在过去30年的职业生涯中，张某参与了大大小小的各种任务。他本来是一名缉毒警察，但在执行某次重大任务的时候，因其卧底身份被发现而中了一枪，后来就退居基层。然而，张某并没有就此消沉，而是积极调节邻里纠纷，帮助孤寡老人，照顾贫困儿童，在自己的岗位上兢兢业业，努力做好每一个任务。在疫情期间，本来在家休假的他主动申请要回到岗位，帮助社区派发物资，维持社区安全秩序，抚慰社区居民心理，连续三个月休假的时间不超过五天。那么，除了上述主体之外，究竟怎样的公务员才可能得到颁发纪念证书或者纪念章的奖励?

解　析

公务员作为国家公职人员，手握一定的行政权力。为防止公务员利用职权滥用权力，要对其行为进行严格规范。同时，为了充分调动、激发公务员工作的积极性，在实践中要采取奖惩结合的办法。目前，我国对公务员、公务员集体的奖励分为：嘉奖、记三等功、记二等功、记一等功、授予荣誉称号。此外，根据《公务员法》第五十五条的规定，可以向参与特定时期、特定领域重大工作的公务员颁发纪念证书或者纪念章。以颁发纪念证书或纪念章的形式，对工作表现突出，有显著成绩和贡献，或者有其他突出事迹的公务员、公务员集体给予奖励，是对他们工作的肯定，一方面可以提高该公务员工作的积极性，另一方面也为其他公务员起到了示范作用。

在本案中，张某在过去30年的从警生涯中，牢记从警誓言，不忘从警初心，无论风雨，始终坚守在自己的岗位上，全心全意为人民服务，持续发挥中流砥柱的作用，对其颁发从警荣誉纪念奖章，是对他过去工作的肯定，也是对他未来工作的激励。

法　条

《中华人民共和国公务员法》

第五十五条　按照国家规定，可以向参与特定时期、特定领域重大工作的公务员颁发纪念证书或者纪念章。

6. 对公务员进行奖励应如何评选？

案　情

陈某于2008年大学毕业后，通过公务员考试，担任县委办公室秘书。2017年，陈某被提拔为业务科室的科长。陈某看到科里任务繁重，暗暗下定决心一定要把工作搞出个样子来。于是，他对科里的工作任务认真分析后，重新制定了科室内的工作制度，并以身作则，尽量在部门内形成团结合作、互相尊重的良好风气。很快，该科室的精神面貌焕然一新，不仅提高了工作效率，工作人员的工作能力也有所提升。在担任科长后的三年里，陈某每一年度的考核成绩都很优异，县政府决定对陈某记三等功。那么，法律对公务员进行奖励的评选标准是怎样的呢？

解　析

对公务员进行奖励不是随意而为的，我国法律对此作了明确的规定，根据《公务员奖励规定》第十条的规定，应当按照以下标准来对公务员的奖励进行考评：第一，奖励应当针对那些在本职工作中表现突出、有显著成绩的公务员以及公务员群体进行。第二，给予嘉奖和记三等功，对年度考核被确定为优秀等次的公务员，予以嘉奖，连续三年被确定为优秀等次的，记三等功；授予称号，一般每三至五年评选一次。第三，对在处理突发事件和承担专项重要工作中做出显著成绩的，应当及时给予奖励。对符合奖励条件的已故人员，可以追授奖励。具体到本案例中，陈某在工作中表现优异，大大提升了科室职员的工作能力和工作效率，且在担任科长后的三年里每次年度考核都成绩优异，于是单位决定对其记三等功，符合上述的奖励评选标准。

法　条

《公务员奖励规定（试行）》

第十条　对在本职工作中表现突出、有显著成绩的，应当定期给予奖励。其中，对年度考核被确定为优秀等次的公务员，予以嘉奖；连续 3 年被确定为优秀等次的，记三等功。授予称号，一般每 3 至 5 年开展一次。

对在处理突发事件和承担专项重要工作中做出显著成绩的，

应当及时给予奖励。奖励种类和数量根据相关工作重要程度和成效、参与工作人员贡献和数量等因素确定。

对符合奖励条件的已故人员，可以追授奖励。

7. 公务员的奖励在哪些情形下会被撤销？

案 情

陆某毕业后就到某县的信访局工作，虽然年纪小，但在工作中脚踏实地，认真负责，始终铭记作为一名信访工作者的职责，发誓要在普通的信访岗位上发光发热。几个月前，某村的村民因土地分配等问题，多次到陆某所在的信访局群体上访，一言不合就要动手，在当地造成了非常负面的影响，当时领导指派陆某负责调查该事件。为了彻底解决矛盾，陆某连续一个多月在村子里吃住，挨户走访了解情况。最后，在弄清事情的症结后，陆某对症下药提出了解决方案，终于解决了矛盾。上级对陆某在此事件中的表现非常满意，决定对陆某给予“模范公务员”荣誉称号的奖励。一时之间，陆某风光无限，事业顺利，然而，陆某在一次同学聚会时，由于饮酒过量，驾车回家时撞上了另一辆车，导致对方车辆内三人死亡。后来信访局以陆某受刑事处罚为由要求撤销对陆某的个人奖励。那么本案中信访局能否撤销已发出的奖励呢？

解 析

本案中信访局有权撤销对陆某的奖励。公务员奖励的撤销，是指公务员获得奖励以后，因出现法定的事由，而由有权机关取消其奖励的一种法律行为。之所以要规定奖励撤销制度，是因为很多公务员在得到奖励后，容易产生骄傲自满的情绪，从而降低行为标准，做出一些违反法律法规的事。因此，我国在《公务员奖励规定》第十九条中对公务员及公务员集体撤销奖励的事项作了规定，若存在申报奖励时隐瞒严重错误或者严重违反规定程序的，有严重违纪违法行为，影响称号声誉的，有法律、法规规定应当撤销奖励的其他情形的，应撤销奖励。《公务员法》中也明确规定了撤销公务员奖励的事项。此项制度有利于激励公务员忠于职守，继续努力，争取更大的荣誉。在本案中，陆某在被授予“模范公务员”荣誉称号后，因酒驾致人死亡造成极其恶劣的影响，符合上述规定的“公务员受到刑事处罚的”的情形，因此信访局有权撤销其授予陆某的奖励。

法　条

《公务员奖励规定》

第十九条　公务员、公务员集体因涉嫌违纪违法正在接受组织调查的，暂停实施奖励。具有下列情形之一的，应当撤销奖励：

（一）弄虚作假，骗取奖励的；

（二）申报奖励时隐瞒严重错误或者严重违反规定程序的；

（三）有严重违纪违法等行为，影响称号声誉的；

（四）有法律、法规规定应当撤销奖励的其他情形的。

《中华人民共和国公务员法》

第五十六条　公务员或者公务员集体有下列情形之一的，撤销奖励：

（一）弄虚作假，骗取奖励的；

（二）申报奖励时隐瞒严重错误或者严重违反规定程序的；

（三）有严重违纪违法等行为，影响称号声誉的；

（四）有法律、法规规定应当撤销奖励的其他情形的。

第六章

公职人员政务处分法

公务员承担着管理国家事务、社会事务以及其他事务的职能，其权力在国家管理中也运用得最多，涉及的范围最广。因此要对其权力进行限制，要对滥用职权的人进行处分。公务员处分方面的法律从消极方面规定了哪些行为是不可为的，为公务员画出了一条条不可逾越的红线，从而做到有权必有责，违法必追究。它对于维护国家政权，实现立党为公、执政为民的根本宗旨，加强领导干部作风建设，促使公务员切实做到为民、务实、清廉起着重要作用。

1. 公务员同时存在两种以上违法违纪行为的，应该如何进行处分？

案　情

张某是某地公安局的一名人民警察，李某是张某的大学同学，两人是“铁哥们儿”。一次，李某和自己的邻居在楼下相遇，两人当时都开了车，但是在经过的时候双方都没有避让，导致双方的车辆发生了剐蹭。李某当时十分愤怒，将邻居拽下车就狠狠地揍了一顿，将邻居的门牙打掉了。后来报警之后，李某和邻居都被带到了公安局，李某的妻子知道这件事之后，赶紧给张某送了一万块钱，并且要求张某好好地惩治一下邻居，张某收下了钱并答应了这件事。在审理这个案子的时候，张某便故意滥用职权，违反法律的规定，对李某的邻居作出行政拘留七天的行政处罚决定，而对李某没有作出任何处罚。本案之中，张某存在哪些违法违纪的行为，对于这些行为相关部门应该怎样进行处理？

解　析

根据我国《公务员法》第五十九条的规定，张某的行为存在两点违法之处：第一，张某收取了李某妻子送给自己的一万元钱，这种行为是受贿行为，并且答应李某妻子的要求是利用自己职务上的便利为他人谋取不正当利益。第二，张某利用自己职务上的便利，违反法律规定，对李某的邻居进行了处罚，这种行为是滥用职权，侵犯公民、法人和其他组织合法权益的行为。由于张某存在两点违法失职的行为，需要对张某进行处分。根据我国《公务员法》的相关规定，行政机关工作人员违法违纪会受到的处分包括警告、记过、记大过、降级、撤职、开除六种。相关部门将根据行政机关工作人员违法违纪的实际情况给予其相应的处分。

那么，像本案中张某的情况，如果行政机关工作人员存在两种或两种以上违法违纪行为的，在对各个违法行为分别进行处分之后，应该怎样执行呢？根据《公职人员政务处分法》第十五条的规定，公职人员存在两个以上违法行为的，应当分别确定政务处分。若应当给予公职人员两种以上政务处分的，应执行其中最重的政务处分；若应当给予公职人员撤职以下多个相同政务处分的，则可以在一个处分期以上、多个处分期之和以下确定政务处分期，但是最长不得超过四十八个月。由此可见，对于公务员的处分可以从警告、记过、记大过、降级、撤职和开除六种中，根据相关法律规定依法作出。如果给予的是不同种类的处分，则只执行其中最重的处分即可，不必两个处分都执行；如果给予的是两个以上同一种类的处分，则在一个处分期以上所有处分期之和以下，确定一个最终需要执行的处分期。

法条

《中华人民共和国公务员法》

第五十九条 公务员应当遵纪守法，不得有下列行为：

……

（八）贪污贿赂，利用职务之便为自己或者他人谋取私利；

……

（十）滥用职权，侵害公民、法人或者其他组织的合法权益；

……

《中华人民共和国公职人员政务处分法》

第十五条 公职人员有两个以上违法行为的，应当分别确定政务处分。应当给予两种以上政务处分的，执行其中最重的政务处分；应当给予撤职以下多个相同政务处分的，可以在一个政务处分期以上、多个政务处分期之和以下确定政务处分期，但是最长不得超过四十八个月。

2. 公务员在违纪之后主动交代的，能够据此酌情从轻处分吗？

案情

田某是在税务机关工作的国家工作人员，平日里负责税务的缴收工作。林某有一家自己经营的纺织厂，每个月都要缴纳大量的税款，为了减少缴税，林某一直想认识一个税务机关的工作人员。在一个偶然的饭局上，林某认识了田某，于是便刻意接近田某，经常约田某出来吃饭喝茶娱乐。在和田某熟悉了之后，林某便告知了田某自己的意图，林某希望田某少收自己的税，自己每个月给田某一万元钱好处费。田某刚开始答应了林某的要求，并且也收取了林某当时给的一万元钱，当月也想方设法给林某的纺织厂“减免”了税款。等到第二次林某给田某钱时，田某拿着钱回到家之后，感觉越来越不踏实，觉得自己的这种行为是错误的。于是便找到了自己的上级领导，如实地交代自己的违法违纪行为。那么，本案之中，田某如实地交代了自己的违法违纪行为，在对其进行处分时，能够酌情从轻处分吗？

解　析

根据我国《公职人员政务处分法》第十一条的规定，当公职人员出现违法违纪行为之后，又主动交代自己的违法违纪行为的，可以从轻或者减轻给予政务处分。本案之中，田某收取林某的贿赂并且帮助林某减少纳税金额，违反了法律法规的规定，但是田某在收取贿赂之后，很快就主动地交代了自己的违法违纪行为，这是符合国家法律规定的可以从轻或者减轻给予政务处分的情形的，因此本案之中，对田某进行处分的时候可以从轻或者减轻处理。

公务员在行使职权的时候难免会面临很多利益的诱惑，在利益面前难保不犯错误，作为国家公职人员此时一定要克制住自己内心的欲望，牢记自己的职责和法律的规定。当公务员因一念之差错误地做了违法乱纪的行为时，一定要勇于承认自己的错误。由《公职人员政务处分法》可以看出，我国法律对于主动承认自己错误的公职人员给予了宽大处分的政策，因此，公职人员不能一错到底，应当主动交代违法违纪的事实，这才是公职人员违法违纪后的不二选择。

法　条

《中华人民共和国公职人员政务处分法》

第十一条　公职人员有下列情形之一的，可以从轻或者减轻给予政务处分：

（一）主动交代本人应当受到政务处分的违法行为的；

……

3. 公务员在违纪之后，积极主动地挽回损失和影响的，对此是否应该从轻处分？

案　情

小杨是一名人民警察，在某区的派出所工作。一天晚上小杨值班，但是过了十二点之后，小杨看着没有什么人来报警，加上自己实在是很困，便离开值班室去睡觉了。在小杨睡觉的时候，有群众打电话报警，因为小杨不在值班室，所以该电话并没有人接听，等到所长打自己手机的时候，小杨才知道发生了什么事情。回复报警电话后，小杨急忙和自己的同事赶往现场。到现场后，小杨积极拉架，立即进行调解工作，最终没有造成人员伤亡。小杨因为值班的时候没有履行职责去睡觉而错过了报警电话，属于工作上失职，对此所长要给予小杨一定的处分，但是小杨主动地挽回损失，将损失降低到最小，此时是否能够从轻处分呢？

解　析

我国《公职人员政务处分法》第十一条规定，公务人员在违法违纪之后，主动采取措施，有效避免或者挽回损失、消除不良影响的，可以从轻或者减轻给予政务处分。本案之中，小杨作为公务员，在自己的岗位中，玩忽职守不履行法定义务导致错过了报警电话，该行为按照《警察法》的规定，是违法违纪的行为，应当受到处分。但是小杨出警之后积极采取措施，将损害结果降到最低，符合我国《公职人员政务处分法》第十一条规定中的情形，因此，给予小杨处分时，可以从轻或者减轻处理。

行政工作实践中，很多公职人员在违法违纪之后，不知道应该怎样处理，正确的做法就是积极主动地采取措施，努力挽回损失，如果能够有效地避免损害结果的发生或者挽回损失，则在给予处分时会从轻或减轻。但是，需要注意的是，主动采取措施还必须同时达到有效避免或者挽回损失的结果，否则，尽管采取了挽救措施，没有避免或者挽回损害结果的，仍不能从轻或减轻处分。

法　条

《中华人民共和国公职人员政务处分法》

第十一条　公职人员有下列情形之一的，可以从轻或者减轻给予政务处分：

……

（四）主动采取措施，有效避免、挽回损失或者消除不良影响的；

……

4. 公务员在违法违纪后，检举他人违法违纪行为的，能够从轻处分吗？

案　情

于某是一名公务员，在某市监察委员会工作。于某最近正在处理一起案件，案件的内容是调查市里市场监管局局长存在的贪污行为，而市场监管局局长是于某的老同学。在这个过程中，市场监管局局长和于某频繁见面，并求于某看在老同学的面子上放过自己，并保证以后不再贪污了。于某看到老同学已经求自己了，并且自己一贯也坚持与人为善的原则，就答应了市场监管局局长的要求，没有继续调查该市场监管局局长。过了几个月，该市场监管局局长的案件被上级领导发现并委派他人重新调查。在调查时，上级领导发现于某与此案有牵连，故意包庇该市场监管局局长。于某便坦白了自己的违法违纪行为，并主动交代了自己在工作之余发现的另一个情况，这就是和于某同在一个部门的张某存在收取贿赂的行为。上级调查了张某之后，果然发现张某存在受贿的行为。请问，本案之中，于某在违法违纪之后，主动检举了张某的违法违纪行为，那么对于某能够从轻处分吗？

解 析

我国《公职人员政务处分法》第十一条规定，公职人员违法违纪之后，检举他人违法违纪行为，情况属实的，可以从轻或者减轻给予政务处分。本案中，于某在工作时因为顾及老同学的情面，而没有继续调查市场监管局局长的贪污行为，这属于工作中的不认真、不负责，是一种玩忽职守的表现，应当受到相应的政务处分。应该注意的是，在这个过程之中，于某并没有收取任何贿赂，如果收取贿赂了，则转化为刑事案件中的受贿案，还应当受到刑事处罚。尽管于某没有收取贿赂，但还是违法违纪了，对此应该接受政务处分。由于于某在被调查后主动检举了张某受贿的事情，并且经过查证也属实，于某的行为符合我国《公职人员政务处分法》第十一条中规定的可以从轻或减轻处分的情形，所以，对于某可以从轻或减轻处分。

法 条

《中华人民共和国公职人员政务处分法》

第十一条 公职人员有下列情形之一的，可以从轻或者减轻给予政务处分：

……

（三）检举他人违纪违法行为，经查证属实的；

……

5. 公务员使用网络发布损害国家声誉的言论的，应该怎样处理？

案 情

周某是一名国家公务员，因为人到中年仍只是一名科员，在仕途上没有什么成绩，所以心中一直愤愤不平，感觉自己怀才不遇。最近周某迷上了上网，认为可以随意在网上可以发表自己的看法和发泄自己的不满，并且还在网上获得了一大群拥护自己理论的人，在网络的世界里周某的人生价值得到了极大的满足。一次单位评比晋升之后，周某还是没有晋升职位心中十分愤怒的周某回到家之后，便在网上发表言论声称，国家官员拿着纳税人的钱款，天天吃喝玩乐却丝毫不为老百姓办事，并且还谎称自己是中央机关人员，说自己所在的部门完全是一个没有任何工作的闲散部门，在这个部门里的人，全都是高官的子女，整天的工作就是玩并且还能拿到巨额的工资。此言论在网上一经发表，马上引起了轩然大波，转发、评论该言论的帖子上万，给国家形象造成了恶劣影响。公安机关经过立案调查，最终发现一切只是周某的杜撰。那么，本案之中周某作为国家公务人员利用网络发表损害国家声誉的言论，应该进行怎样的处理？

解　析

根据我国《公职人员政务处分法》第二十八条的规定，国家公职人员散布有损宪法权威、中国共产党领导和国家声誉的言论的，予以记过或者记大过的处分；若情节较重的，予以降级或者撤职处分；若情节严重的，予以开除处分。本案之中，周某在网上杜撰了国家的负面信息，导致在网络上引起轩然大波，很多人都将周某的言论当真了，导致国家的形象受损，同时，因为周某发表言论时使用了网络的方法进行传播，对国家声誉的损害是全国性的，其行为应该属于法条之中规定的情节较重的情形，所以，对此应该对周某给予降级或者撤职的行政处分。

公职人员不仅在执行公务时应该严格执法，维护国家形象；即使在工作之余也应该谨言慎行，以身作则。尤其在当今网络时代，在网络上传播一句不当的话就可能导致国家的形象受损。如果公职人员因为自己的言论导致国家形象受损，面临的将是严厉的处分。

法　条

《中华人民共和国公职人员政务处分法》

第二十八条　有下列行为之一的，予以记过或者记大过；情节较重的，予以降级或者撤职；情节严重的，予以开除：

（一）散布有损宪法权威、中国共产党领导和国家声誉的言论的；

（二）参加旨在反对宪法、中国共产党领导和国家的集会、游行、示威等活动的；

（三）拒不执行或者变相不执行中国共产党和国家的路线方针政策、重大决策部署的；

（四）参加非法组织、非法活动的；

（五）挑拨、破坏民族关系，或者参加民族分裂活动的；

（六）利用宗教活动破坏民族团结和社会稳定的；

（七）在对外交往中损害国家荣誉和利益的。

有前款第二项、第四项、第五项和第六项行为之一的，对策划者、组织者和骨干分子，予以开除。

公开发表反对宪法确立的国家指导思想，反对中国共产党领导，反对社会主义制度，反对改革开放的文章、演说、宣言、声明等的，予以开除。

6. 公务员在参加选举的时候，故意破坏选举，应该给予怎样的处分？

案情

林某是A镇政府的副镇长。最近A镇迎来了各个村子的村委会换届选举，其中小关村的原村支书是张某，而张某和林某是老牌友，关系非常好，经常一起打牌。在这次换届选举的时候，张某落选了，没有能够竞选上小关村的村支书。当天晚上，张某请林某吃饭时就将这件事告诉了林某，林某只是说知道了。

第二天，林某带着镇政府其他工作人员直接来到了小关村，将村民组织起来，说昨天的选举出现了程序不合法的地方，今天必须重新进行选举。但是在又一次选举之后，张某依然没有当选。此时林某又说，刚刚选举的程序不合法，接着重新选举，今天选不出来，中午谁都不能离开。刚开始的时候村民们都不知道怎么回事，但是看到了站在林某旁边的张某，村民们才知道林某的意图。尽管村民们很生气，但是无奈不选出张某肯定不会结束的，大家在又一轮的选举之中选出了张某作为村支书，此时林某才说选举生效，让大家回家。请问，本案中，对于林某的行为应该给予什么处分？

解　析

本案中，林某利用自己的职位之便，在村民选举的过程中，变相威胁村民们选举张某为村支书，该行为属于破坏选举的行为，对此林某应该受到处分。根据我国《公职人员政务处分法》第三十二条的规定，以暴力、威胁、贿赂、欺骗等手段破坏选举的公职人员，应予以警告、记过或者记大过的处分；情节较重的，予以降级或者撤职的处分；情节严重的，予以开除的处分。林某作为副镇长，代表的是整个镇政府的形象，也代表着国家机关的整体形象，但是林某却公然利用自己的职权威胁村民，破坏选举，属于破坏选举情节较重的情形，所以，对于林某应该给予降级或者撤职的政务处分。

选举权和被选举权是公民最基本的权利，是人民当家作主的重要表现途径，每个享有选举权的公民都有权自愿表达自己的意愿。而在开展选举过程之中，公务员的职责是，保证公民的选举权和被选举权，保证选举的公平性。公务员不能因为个人的利益，而故意利用自己的职权来破坏选举工作的进行。如果出现破坏选举的行为，则将面临严重的处分。

法 条

《中华人民共和国公职人员政务处分法》

第三十二条 有下列行为之一的，予以警告、记过或者记大过；情节较重的，予以降级或者撤职；情节严重的，予以开除：

（一）在选拔任用、录用、聘用、考核、晋升、评选等干部人事工作中违反有关规定的；

（二）弄虚作假，骗取职务、职级、衔级、级别、岗位和职员等级、职称、待遇、资格、学历、学位、荣誉、奖励或者其他利益的；

（三）对依法行使批评、申诉、控告、检举等权利的行为进行压制或者打击报复的；

（四）诬告陷害，意图使他人受到名誉损害或者责任追究等不良影响的；

（五）以暴力、威胁、贿赂、欺骗等手段破坏选举的。

7. 公务员对上级作出的决定拒不执行的，应该受到怎样的处分？

案 情

小包在公安局工作，是一名刑警。最近公安局正在侦查一起贩毒案件，经过多天的跟踪调查，公安局发现在市里的一家KTV存在毒品交易情况，于是公安机关便部署了相关警力，准备当天晚上去KTV抓捕犯罪嫌疑人，小包是当天晚上行动的小队长。但是当天晚上，上级领导接到了通知，抓捕行动的信息有可能被泄露，如果此次抓捕行动继续进行，可能会打草惊蛇，影响案件后期的进行，于是上级领导便通知小包，取消当晚的逮捕行动，但是小包固执己见，认为当天晚上是抓捕的最佳时机，如果不进行抓捕再抓捕就会加大难度，于是小包便没有执行上级领导的决定，擅自执行抓捕行动，最终导致竹篮打水一场空。本案中，对于小包应该给予怎样的处分？

解　析

根据我国《公职人员政务处分法》第三十条的规定，对于拒绝执行或者变相不执行、拖延执行上级依法作出的决定、命令的公务员，应该给予警告、记过或者记大过的处分，情节较重的，给予降级或者撤职处分。本案之中，小包的行为就是拒绝执行上级决定的行为，对此可以给予小包警告、记过或者记大过的处分。同时，根据事态的严重程度，如果因为小包拒绝执行上级命令的行为导致整个案件受到重大影响的话，则可以给予小包降级或者撤职甚至开除的处分。

公务员在履行职务的时候，一定要服从上级的命令。根据我国《公务员法》的相关规定，公务员执行公务时，认为上级的决定或者命令有错误的，可以向上级提出改正或者撤销该决定或者命令的意见；上级不改变该决定或者命令，或者要求立即执行的，公务员应当执行该决定或者命令。因此，在工作过程中，绝不能拒绝执行上级命令或者直接擅自行动，这是作为公务员必须具备的最基本的纪律意识。

法 条

《中华人民共和国公职人员政务处分法》

第三十条 有下列行为之一的，予以警告、记过或者记大过；情节严重的，予以降级或者撤职：

（一）违反民主集中制原则，个人或者少数人决定重大事项，或者拒不执行、擅自改变集体作出的重大决定的；

（二）拒不执行或者变相不执行、拖延执行上级依法作出的决定、命令的。

《中华人民共和国公务员法》

第六十条 公务员执行公务时，认为上级的决定或者命令有错误的，可以向上级提出改正或者撤销该决定或者命令的意见；上级不改变该决定或者命令，或者要求立即执行的，公务员应当执行该决定或者命令，执行的后果由上级负责，公务员不承担责任；但是，公务员执行明显违法的决定或者命令的，应当依法承担相应的责任。

8. 公务员因为没有履行好职责导致扶贫款项被贪污的，应该受到什么样的处罚？

案 情

Y 省地处我国的西南山区，交通不发达，经济发展比较落后，尤其是该省农村地区，很多农民依然在山上居住，每天为了温饱而在贫困线上挣扎，对此，我国中央政府每年都给 Y 省山区的农民拨款进行扶贫。今年，当扶贫款到了之后，Y 省政府组织各个县区进行发放。D县是Y省的一个县区，高某是该县的县长，按照省里扶贫文件的规定，县区政府应该严格监督管理扶贫款，保证每一笔扶贫款都能真正发到老百姓手中。但是高某在领到扶贫款后，仅仅是让下属人员将扶贫款发放，对是否能发到老百姓的手中，并没有进行监督。因为缺少监督程序，一些村子的扶贫款被村支书贪污，村民们压根儿就没有领到。后来该事件被村民联名举报，省政府组建了专案组调查该事件。本案中，贪污扶贫款的村支书肯定是要严惩的，但是，对于高某监管不力的行为，是否会进行惩治，又应该进行怎样的处理呢?

解 析

本案之中，对于扶贫款的发放，Y省明确规定各级领导干部应该积极进行监督，保证扶贫款发到老百姓手中，而高某本来应该履行该职责却没有履行好自己的职责，导致一些村子的扶贫款被村书记贪污，对此，高某是存在失职行为的，应该对高某进行政务处分。根据我国《公职人员政务处分法》第三十九条的规定，公务人员对扶贫款项疏于管理，导致该款项被贪污、挪用或者毁损、灭失的，应该给予记过、记大过处分；情节较重的，给予降级或者撤职处分；情节严重的，给予开除处分。本案中，高某仅仅是没有履行好自己的职责，导致扶贫款项被贪污，不属于法条之中规定的情节较重或者情节严重的情形，所以，本案之中，对于高某应该给予警告或记过、记大过的处分。

扶贫款项对于贫困的人来说是很重要的，这可能关系到一个人生命或者一个家庭的延续问题，在涉及扶贫款项时，公务员一定要严格履行自己的职责，保证扶贫款项真正发放到需要的人手中。

法　条

《中华人民共和国公职人员政务处分法》

第三十九条　有下列行为之一，造成不良后果或者影响的，予以警告、记过或者记大过；情节较重的，予以降级或者撤职；情节严重的，予以开除：

（一）滥用职权，危害国家利益、社会公共利益或者侵害公民、法人、其他组织合法权益的；

（二）不履行或者不正确履行职责，玩忽职守，贻误工作的；

（三）工作中有形式主义、官僚主义行为的；

（四）工作中有弄虚作假，误导、欺骗行为的；

（五）泄露国家秘密、工作秘密，或者泄露因履行职责掌握的商业秘密、个人隐私的。

9. 公务员向被举报人透露举报人信息的，应该受到什么样的处罚？

案　情

最近A市市政府接到了一封举报信，举报信的内容是关于公安局局长邢某贪污受贿的，举报信使用手写的方式，并且详细地写出了邢某每一笔贪污受贿的金额以及邢某因此给受贿人争取到的好处。收到该举报信后，市政府马上组织调查小组对邢某进行调查，经过调查发现，邢某确实存在举报信中说的贪污受贿问题。因为邢某贪污受贿的数额不是很大，并且认错态度良好，在进行审判之前，邢某又主动交出了所有贪污受贿的钱款，最终人民法院对邢某判处两年有期徒刑。同时，该市市政府对邢某作出了撤职的处分。邢某在服刑期满之后，找到了自己曾经的同事张某，也就是当时办理该案件的负责人。邢某跟张某说，自己没有别的要求，就是想知道当年是谁把自己“整”下来的，于是张某将当年的那封举报信拿给了邢某看，邢某一看该字迹就认出来是和自己多年一起共事的向某。邢某知道是向某举报了自己之后，经常到向某家进行谩骂，并且还往向某家的大门上泼油漆。请问，本案中张某向邢某透露举报人信息的行为，应该受到怎样的处分？

解　析

《刑法》规定，对于证人或者举报人，为了防止被打击报复应该给予特殊的保护。而在行政系统里有同样类似的规定，为了防止举报人被打击报复，公务员对于举报人的任何信息都不能透露，如果透露了举报人的信息，就需要对公务员给予处分。根据我国《公职人员政务处分法》第三十九条的规定，公务人员泄露因履行职责掌握的个人隐私造成不良后果或者影响的，予以警告、记过或者记大过的处分；情节较重的，予以降级或者撤职处分；情节严重的，予以开除的处分。本案中，张某将举报信件直接拿给邢某看，导致邢某不仅看到了举报信的内容，还通过字迹知道了举报人是谁，进而给举报人向某的生活带来了很大的困扰，根据我国法律的规定，对于张某应该给予记过或者记大过的处分。

举报制度在构建廉洁公务员系统中发挥着重要的作用，举报人通过举报的方式监督公务员的廉洁从政，同时行政机关及其工作人员也必须保护举报人的安全。很多时候举报人因为举报而遭到了打击报复，这就要求公务员在处理举报案件的时候要严格按照法律的规定，保护举报人的一切信息不被泄露。

法　条

《中华人民共和国公职人员政务处分法》

第三十九条　有下列行为之一，造成不良后果或者影响的，予以警告、记过或者记大过；情节较重的，予以降级或者撤职；情节严重的，予以开除：

（一）滥用职权，危害国家利益、社会公共利益或者侵害公民、法人、其他组织合法权益的；

（二）不履行或者不正确履行职责，玩忽职守，贻误工作的；

（三）工作中有形式主义、官僚主义行为的；

（四）工作中有弄虚作假，误导、欺骗行为的；

（五）泄露国家秘密、工作秘密，或者泄露因履行职责掌握的商业秘密、个人隐私的。

10. 公务员将自己利用职务之便知道的秘密告诉他人的，应该受到什么样的处罚？

案　情

方某是一名在市场监管局工作的公务员。一次，在调查某凉茶产品的成分是否符合规定时，方某得知了该凉茶的配方。而该凉茶的配方是祖传的，也是该凉茶和其他凉茶区分的关键，算得上是商业秘密。方某知道了该凉茶的配方之后，认为该凉茶的生产成本非常低廉，在市场上购买该凉茶不划算，回家之后方某就告诉了自己的家人，让自己的家人以后不要购买该凉茶，并且将自己知道的该凉茶的配方告诉了家人，方某知道自己在履行职务时知道的秘密不能对外泄露，所以又叮嘱家人不要告诉其他人。但是方某的家人在和邻居聊天的时候，不慎将这个商业秘密告诉了邻居，而邻居又告诉了其他人，就这样一传十、十传百地将该凉茶的配方公布了出来，给该凉茶厂家带来了巨大的经济损失。请问，本案之中，对于方某泄露自己利用职务之便掌握的商业秘密的行为，应该进行怎样的处分？

解　析

方某将自己在履行职责的时候知道的商业秘密告知自己家人的行为，是违反我国法律规定的，对此应该受到处分。我国《公职人员政务处分法》第三十九条规定："有下列行为之一，造成不良后果或者影响的，予以警告、记过或者记大过；情节较重的，予以降级或者撤职；情节严重的，予以开除……(五) 泄露国家秘密、工作秘密，或者泄露因履行职责掌握的商业秘密、个人隐私的。"因为方某将该商业秘密泄露给自己的家人，并导致该秘密最终公开，可以说该事件是由方某的失职行为引起的，我国法律明确规定公职人员在履行职务的过程中掌握的秘密不得告知任何人，而方某却违反了该规定，导致凉茶厂家出现巨大的经济损失，对此应该属于法条之中规定的情节较重的情形，因此应该对方某作出降级或者撤职的处分。

公职人员在执行公务的时候可能会知道一些秘密，不仅包括商业秘密，还有可能是国家秘密或者个人隐私，但无论是哪种秘密，公职人员都应该守口如瓶，即使是最亲近的人也不应该告诉。一旦泄露该秘密就是对别人权利的侵犯，而公职人员也将面临严厉处分。

法 条

《中华人民共和国公职人员政务处分法》

第三十九条 有下列行为之一，造成不良后果或者影响的，予以警告、记过或者记大过；情节较重的，予以降级或者撤职；情节严重的，予以开除：

（一）滥用职权，危害国家利益、社会公共利益或者侵害公民、法人、其他组织合法权益的；

（二）不履行或者不正确履行职责，玩忽职守，贻误工作的；

（三）工作中有形式主义、官僚主义行为的；

（四）工作中有弄虚作假，误导、欺骗行为的；

（五）泄露国家秘密、工作秘密，或者泄露因履行职责掌握的商业秘密、个人隐私的。

11. 公务员在履行职务的过程中，工作懒散，态度不端正，对此应该进行怎样的处分？

案 情

金某是一名国家公务人员，在市人力资源和社会保障局工作，平时工作的主要内容是在前台帮助处理退休保险等业务。一次，一位中年妇女去人力资源和社会保障局办理退休业务时，金某正在对着镜子补妆，该中年妇女去柜台表明自己的来意之后，金某不仅没有吱声，仍然继续补妆，当该中年妇女又一次说明自己的来意之后，金某不耐烦地说：“催什么催，没看到我正忙着吗？”中年妇女十分生气，说了金某两句，随即金某就和其吵了起来。这时，正在等待办业务的人们围观过来，还有好事者拿着手机录像。那么，应该给予金某怎样的处分呢？

解　析

金某工作时间在前台补妆，当有人来办理业务时不但没有认真工作，反而对该中年妇女态度恶劣，不仅背离了为人民服务的宗旨，还损害了政府形象，对此，应该给予金某处分。根据我国《公职人员政务处分法》第三十八条的规定，公务人员在管理服务活动中态度恶劣粗暴或存在其他侵犯管理服务对象利益的行为的，造成不良后果或者影响，情节较重的，予以警告、记过或者记大过的处分；情节严重的，予以降级或者撤职的处分；情节特别严重的，予以开除。本案中，应当视情节严重程度对金某应该给予警告、记过或者记大过等政务处分。为了消除不良影响，最好再让金某找到当事人道歉。

在我国，人民是国家的主人，公职人员是代表人民在行使国家权力，其是为了更好地为人民服务，保障人民主人翁权利的实现，因此，公务员在履行职责的时候一定要端正态度，积极地为人民服务，如果因为不良工作态度产生不良影响，则需要对公职人员进行政务处分。

法　条

《中华人民共和国公职人员政务处分法》

第三十八条　有下列行为之一，情节较重的，予以警告、记过或者记大过；情节严重的，予以降级或者撤职：

（一）违反规定向管理服务对象收取、摊派财物的；

（二）在管理服务活动中故意刁难、吃拿卡要的；

（三）在管理服务活动中态度恶劣粗暴，造成不良后果或者影响的；

（四）不按照规定公开工作信息，侵犯管理服务对象知情权，造成不良后果或者影响的；

（五）其他侵犯管理服务对象利益的行为，造成不良后果或者影响的。

有前款第一项、第二项和第五项行为，情节特别严重的，予以开除。

12. 公务员拒不承担赡养老人的义务，会受到怎样的处分？

案 情

白某是一名国家公务员，在税务局工作，收入稳定。白某在城市里长大，从小被娇生惯养，习惯了所有人都以自己为中心，根本就不懂得关心照顾别人。几年前，白某认识了现在的丈夫林某，两人结婚之后，生活一度很幸福美满。不过，林某来自农村，老家里还剩下一名老母亲。林某母亲今年春天的时候，因为走路不慎摔倒而导致腰部的脊椎受到了损伤，必须要有人照顾，于是林某将自己的母亲接到了家中，至此白某和林某的家庭矛盾爆发。因为林某母亲生活不能自理，所以需要林某和白某为老母亲端屎端尿，从小娇生惯养的白某自然受不了，两人经常因为老母亲的事情吵架。一次，林某因为工作的事情需要到外地出差两天，走之前嘱咐白某一定要照顾好自己的母亲，但是林某刚走，白某就将其母亲送回了农村老家，延误了病情。后来，林某的姐姐知道了这件事情之后，非常生气，一气之下来到白某的工作单位，告诉白某的领导白某不赡养老人。那么请问，本案中，白某的领导会给予白某处分吗？

解　析

赡养老人是中华民族的传统美德，无论是从道德上讲还是从法律上讲，子女都应该赡养老人，如果不履行法定的赡养义务，则会被人民从道德的角度唾骂，被国家从法律的角度进行制裁。国家对于普通人尚且要求必须赡养老人，对于国家公职人员则更是严格要求，如果其不赡养老人，不仅需要像对普通人一样进行法律上的制裁，其工作单位还需要对其进行政务处分。根据我国《公职人员政务处分法》第四十条的规定，公职人员拒不承担赡养、抚养、扶养义务的，予以警告、记过或者记大过的处分；情节较重的，予以降级或者撤职的处分；情节严重的，予以开除。本案中，虽然林某的母亲并不是白某的亲生母亲，但是白某和林某结婚之后，就具有了赡养林某母亲的义务，而白某将林某母亲送走的行为是典型的拒绝赡养老人的行为。本案中，白某的行为性质还不算特别恶劣，对此，白某的单位可以根据法律规定给予白某警告、记过或者记大过的处分，并且应该对白某进行思想教育，告知其赡养老人的义务。公职人员的素质在一定程度上就是一个社会的风向标，为了发挥好榜样的作用，大家一定要提高自身的道德素养，履行好自己的每一份职责。

法 条

《中华人民共和国公职人员政务处分法》

第四十条 有下列行为之一的，予以警告、记过或者记大过；情节较重的，予以降级或者撤职；情节严重的，予以开除：

（一）违背社会公序良俗，在公共场所有不当行为，造成不良影响的；

（二）参与或者支持迷信活动，造成不良影响的；

（三）参与赌博的；

（四）拒不承担赡养、抚养、扶养义务的；

（五）实施家庭暴力，虐待、遗弃家庭成员的；

（六）其他严重违反家庭美德、社会公德的行为。

吸食、注射毒品，组织赌博，组织、支持、参与卖淫、嫖娼、色情淫乱活动的，予以撤职或者开除。

13. 公务员嫖娼，应该接受什么样的处分？

案 情

B市是一个娱乐业十分发达的城市，尤其到了晚上，各大娱乐场所开门营业，可谓是歌舞升平，但是正因为娱乐业发达，所以在这些娱乐场所中存在着卖淫嫖娼现象，当地警察定期组织扫黄打非活动。某天深夜，当地警方又一次进行扫黄行动，在当地最大的一家歌舞厅里，抓获了很多正在进行卖淫嫖娼的人，警察将这些现场抓获的人带到公安局进行审讯。在审讯的过程中，警察发现在抓获的这些嫖客之中有一个名叫邓某的人，邓某在该市市场监管局工作，是一名公务员。考虑到公务员嫖娼的性质非常恶劣，公安机关通知了邓某所在单位，邓某在被公安机关进行处理之后，回到了单位，单位的领导认为邓某损害了政府机关形象，决定给予邓某严惩。那么，邓某嫖娼的行为，应该受到什么样的处分呢？

解　析

根据我国《公职人员政务处分法》第四十条第二款的规定，公职人员吸食、注射毒品，组织赌博，组织、支持、参与卖淫、嫖娼、色情淫乱活动的，应予以撤职或者开除的处分。本案之中的邓某，作为一名国家公务员，参与嫖娼活动，其单位应该给予邓某撤职或者开除的处分。国家法律之所以这样规定，是因为嫖娼行为的性质非常恶劣，而公务员嫖娼的后果更是严重，为了杜绝公务员做出类似的行为，国家法律严厉打击公务员嫖娼的行为，通过严厉的惩罚措施达到树立风气良好的公务员队伍的目的。公务员个人也要注意要严于律己，否则面临的可能是严厉的政务处分。

法　条

《中华人民共和国公职人员政务处分法》

第四十条第二款　吸食、注射毒品，组织赌博，组织、支持、参与卖淫、嫖娼、色情淫乱活动的，予以撤职或者开除。

14. 公务员参加赌博的，应该对其进行什么样的处分？

案 情

赵某是一名人民法官，赵某工作认真，但有一个不良嗜好就是喜欢赌博。刚开始的时候，赵某赌博的金额是很小的，但是随着赵某赌瘾的加大，赌博的金额也是越来越大，更严重的是，赵某在休年假的时候还会选择到澳门去赌博。可是赵某输的钱财比赢得多，其妻子经常警告他不要赌博，但是赵某不听，最终，赵某的妻子不堪赵某赌博成瘾，找到了赵某单位的领导，要求其领导帮助劝阻一下。那么请问，赵某作为国家公务员，其单位对于赵某参与赌博的行为，应该进行怎样的处分呢？

解 析

赌博是一种非常影响人身心健康的行为，我国法律禁止任何形式的赌博，既然国家禁止赌博行为，国家公务员就更要以身作则，起到典范作用。根据我国《公职人员政务处分法》第四十条的规定，公职人员参与赌博的，予以警告、记过或者记大过的处分；情节较重的，予以降级或者撤职的处分；情节严重的，予以开除处分。本案之中，赵某作为一名人民法官，赌博成瘾，给自己的家庭带来了负担，并且给周围人带来了不好的影响，对此，其单位应该对赵某进行处分。根据法律的规定，赵某所在单位应该给予赵某警告或者记过、记大过的处分，如果赵某屡教不改的话，还可以对赵某作出更为严厉的政务处分。

法　条

《中华人民共和国公职人员政务处分法》

第四十条第一款　有下列行为之一的，予以警告、记过或者记大过；情节较重的，予以降级或者撤职；情节严重的，予以开除：

……

（三）参与赌博的；

……

15. 两个以上公务员共同违法的，受到的处罚是否相同？

案　情

李某是某市市场监管局的一名科员，在市场监管局已经工作了五年，主要负责对企业的相关检查。2020 年 10 月，李某等人按照规定，要对该市的一些饭店的卫生情况进行审查。就在他们准备进行检查的前一天，一个亲戚给他打电话，说一个好朋友是在市里开饭店的，因为规模比较小，所以有些设施可能不太齐全，希望他们在检查时可以“通融”一下。李某很爽快地答应了亲戚的要求。因为并不是李某一个人去检查，于是他就和与自己一起前去的郑某与方某说了这个情况，让他们到时候帮帮忙。就这样，在第二天进行检查时，尽管该饭店的卫生等都不符合标准，但是，李某等人还是让饭店通过了检查。那么，请问在这种情况之下，李某及与他一起违法的郑某等人所受到的处分是否相同呢？

解 析

在公务员共同违法的情形中，每个人受到的处分并不一定是完全相同的。根据我国《公职人员政务处分法》第九条的规定，公职人员二人以上共同违法的，应根据各自在违法行为中所起的作用和应当承担的法律责任，分别给予政务处分。由此可见，如果公务员两人以上违法，要根据他们违法的情节轻重来确定责任的承担，从而确定各自的处分。所以，即便是共同的违法行为，他们受到的处分也未必是相同的。在本案中，郑某与方某违法是因为李某的原因，李某在他们三人的共同违法中起主要作用，因此，李某承担的责任会相对于他们两个来说要重，因而受到的处分也会比较重。

法 条

《中华人民共和国公职人员政务处分法》

第九条 公职人员二人以上共同违法，根据各自在违法行为中所起的作用和应当承担的法律责任，分别给予政务处分。

16. 公务员故意刁难办事群众的，应该受到怎样的处分？

案 情

小林是某市市场监管局的一名公务员，主要负责审查办理营业执照。2020 年 12 月，吴某前来申请营业执照，准备开一家饭店。吴某刚一进门，小林就发现吴某正是曾经和自己的父亲发生过争执的人，当时还把自己的父亲打伤了。小林觉得

“报仇”的机会来了。在吴某按照要求将所需要的材料交给小林之后，小林粗略地看了几眼便说他的材料不符合申请的要求，很多材料都是不齐全的。当吴某进行询问时，小林说自己没有义务告诉他，让吴某自己按照规定去查。于是，吴某将材料补充之后，过了两天又来申请，小林还说不符合要求，仍然没有按照程序进行办理。后来过了几天，局长便找到了小林，询问他不按规定办事的原因，并说要给予他一定的处分。那么请问，公务员故意刁难办事群众的，应该受到怎样的处分？

解　析

我国《公职人员政务处分法》第三十八条规定：“有下列行为之一，情节较重的，予以警告、记过或者记大过；情节严重的，予以降级或者撤职……（二）在管理服务活动中故意刁难、吃拿卡要的……有前款第一项、第二项和第五项行为，情节特别严重的，予以开除。”由此可见，如果公务员违反法律的规定，作出违法的行政许可行为，将会受到严重的处分，情节较轻的是警告，重则撤销职务。在本案中，小林因为与吴某有个人恩怨，从而为难吴某，不按照法律的规定为其办理营业执照，这种行为是违反法律规定的，应该给予记过或者记大过的处分。所以，公务员应该以身作则，依法办事，全心全意为人民服务。不能将个人的恩怨带到工作中来，否则将会受到法律的处罚。

法　条

《中华人民共和国公职人员政务处分法》

第三十八条　有下列行为之一，情节较重的，予以警告、记过或者记大过；情节严重的，予以降级或者撤职：

（一）违反规定向管理服务对象收取、摊派财物的；

（二）在管理服务活动中故意刁难、吃拿卡要的；

（三）在管理服务活动中态度恶劣粗暴，造成不良后果或者影响的；

（四）不按照规定公开工作信息，侵犯管理服务对象知情权，造成不良后果或者影响的；

（五）其他侵犯管理服务对象利益的行为，造成不良后果或者影响的。

有前款第一项、第二项和第五项行为，情节特别严重的，予以开除。

17. 公职人员不按照规定请示、报告重大事项的，会受到怎样的政务处分？

案 情

毛某是一名中共党员，任某县应急管理局副局长。2020年12月某日凌晨，该县化工公司在组织沥青储存池导热炉维修过程中，因员工马某操作失误，发生泄漏事故。虽然没有发生爆炸，但因泄漏物质含有毒有害物而给周围居民带来了恐慌。因化工公司的董事长为毛某的远房表弟，作为分管化工安全方面的毛某将此事故隐瞒了下来，没有按照规定及时向组织报告。该事件经网络传播后，产生恶劣影响。请问，公职人员不按照规定请示、报告重大事项的，会受到怎样的政务处分？

解 析

为了加强公职人员的组织纪律意识，保证组织决定的权威性与严肃性，《公职人员政务处分法》第二十九条规定了公职人员不按照规定请示、报告重大事项，情节较重的，予以警告、记过或者记大过；情节严重的，予以降级或者撤职。作为公职人员特别是党员领导干部，必须强化组织观念、程序观念，该请示的请示，该报告的报告，决不能我行我素、任性而为。

在上面的案例中，毛某作为县应急管理局副局长，没有及时将某化工公司发生泄漏的事故向组织汇报，致使该事故经网络传播，造成了恶劣影响，属于情节严重的行为，应给予毛某降级或者撤职处分。

法　条

《中华人民共和国公职人员政务处分法》

第二十九条　不按照规定请示、报告重大事项，情节较重的，予以警告、记过或者记大过；情节严重的，予以降级或者撤职。

违反个人有关事项报告规定，隐瞒不报，情节较重的，予以警告、记过或者记大过。

篡改、伪造本人档案资料的，予以记过或者记大过；情节严重的，予以降级或者撤职。

18. 公职人员违反规定获取境外永久居留资格的，会受到怎样的政务处分？

案　情

夏某是中共党员，任某镇政府办公室科员。夏某的妻子长期在墨西哥经商，儿子在墨西哥留学长达8年，并于2019年11月加入墨西哥国籍。2020年10月，夏某以企业家投资移民名义申请本人在墨西哥的永久居留权。在所递交的移民申请材料中，夏某隐瞒了自己在镇政府任职的事实。2020年12月，夏某获得该国移民签证，取得了墨西哥永久居留权。那么，公职人员违反规定获取境外永久居留资格的，会受到怎样的政务处分？

解 析

近年来，一些公职人员违反规定取得外国国籍或者获取境外永久居留资格、长期居留许可的案例频频见诸报端，造成恶劣影响，有的还造成重大经济损失，严重危害国家安全和社会稳定。

《公职人员政务处分法》第三十一条规定公职人员违反规定取得外国国籍或者获取境外永久居留资格、长期居留许可的，予以撤职或者开除。《公职人员政务处分法》明确将取得外国国籍或者获取境外永久居留资格、长期居留许可行为纳入处分情形，增强了组织纪律的严密性和时代性，再次体现了纪法贯通、法法衔接的要求。在上面的案例中，夏某未经组织批准，违规取得墨西哥永久居留权，应给予夏某撤职或者开除处分。

法 条

《中华人民共和国公职人员政务处分法》

第三十一条 违反规定出境或者办理因私出境证件的，予以记过或者记大过；情节严重的，予以降级或者撤职。

违反规定取得外国国籍或者获取境外永久居留资格、长期居留许可的，予以撤职或者开除。

19. 公职人员收受可能影响公正行使公权力的礼品、礼金的，会受到怎样的政务处分？

案　情

舒某是一名中共党员，任某市中级人民法院员额制法官。2021 年，舒某在办理其大学同学元某与某建设公司买卖合同纠纷一案中，先后两次接受元某请客吃饭。案件办理过程中，正值劳动节，元某又以过节之名，送给舒某两张超市购物卡，合计人民币 2000 元。后来，舒某将其用于个人消费。那么，像舒某这样的行为，可能招致怎样的法律后果？

解　析

现实生活中，一些公职人员出于利益关系收受礼品、礼金等财物，不仅会滋生腐败，影响公权力的使用，对于公职人员个人来讲，还会受到相应的政务处罚，甚至有可能承担刑事责任。《公职人员政务处分法》第三十四条第一款规定收受可能影响公正行使公权力的礼品、礼金、有价证券等财物的，予以警告、记过或者记大过；情节较重的，予以降级或者撤职；情节严重的，予以开除。

作为公职人员，一定要牢固树立规矩意识，严格自律，切莫放纵致使小节铸成大错。在上面的案例中，舒某违规接受请客吃饭、收受可能影响公正行使公权力的礼品，应根据情节轻重给予警告、记过或者记大过处分。

法　条

《中华人民共和国公职人员政务处分法》

第三十四条　收受可能影响公正行使公权力的礼品、礼金、有价证券等财物的，予以警告、记过或者记大过；情节较重的，予以降级或者撤职；情节严重的，予以开除。

向公职人员及其特定关系人赠送可能影响公正行使公权力的礼品、礼金、有价证券等财物，或者接受、提供可能影响公正行使公权力的宴请、旅游、健身、娱乐等活动安排，情节较重的，予以警告、记过或者记大过；情节严重的，予以降级或者撤职。

20. 公职人员的办公用房超标准的，会受到怎样的政务处分？

案　情

某县财政局副局长聂某长期违规使用办公用房，2018 年党政机关超标准办公用房清理整顿开始至2020 年年底，聂某始终未对其办公用房面积超标问题进行整改。2020 年年底，聂某办公用房超标准的事件被群众举报。县纪委监委在接到群众信访举报后立即派出调查组进行实地走访、拍照取证、测算面积，经查验，聂某的办公用房为 33 平方米。根据《党政机关办公用房建设标准》的规定，县级机关副科级干部办公用房面积不应超过 12 平方米，其办公用房明显超标。那么，办公用房超标准会受到怎样的政务处分呢？

解　析

一些公职人员尤其是领导干部在办公用房这件事上极尽特权享乐之事，面积追求宽大，这是官僚主义的体现。制度面前没有特权，制度约束没有例外，对于心存侥幸的公职人员，一定会动真格惩处，形成有力震慑。

《公职人员政务处分法》第三十五条第二项规定了公职人员在办公用房超标准、超范围方面情节较重的，予以警告、记过或者记大过；情节严重的，予以降级或者撤职。

清理整改机关办公用房，是落实中央八项规定精神的重要内容，也是针对群众反映强烈的"四风"问题的正面回应。公职人员应该遵章守纪，令行禁止，如果无视纪律规矩，等来的只能是纪律的严惩。在上面的案例中，聂某在中央三令五申强调落实中央八项规定精神的形势下，仍然置党的廉洁纪律于不顾，超标准使用办公用房，应受到警告、记过或者记大过处分。

法　条

《中华人民共和国公职人员政务处分法》

第三十五条　有下列行为之一，情节较重的，予以警告、记过或者记大过；情节严重的，予以降级或者撤职：

（一）违反规定设定、发放薪酬或者津贴、补贴、奖金的；

（二）违反规定，在公务接待、公务交通、会议活动、办公用房以及其他工作生活保障等方面超标准、超范围的；

（三）违反规定公款消费的。

21. 公职人员违反规定从事或者参与营利性活动的法律后果是什么？

案 情

余某是一名中共党员，任某区市场监管局副主任科员。2017年至2019年，余某与亲属王某及朋友詹某在未办理相关手续的情形下成立一家加油站公司，并担任董事长、法人代表，共获取利润15万元。2018年至2020年，余某违反规定与朋友陆某、战某等三人在该区内合伙经营火锅店及网吧，获取利润20万元人民币。余某作为公职人员，多次违规参与营利性活动并获取利益。那么，公职人员违反规定从事或者参与营利性活动的，会受到怎样的政务处分？

解 析

近年来，一些公职人员利用自身权力影响或职业优势、违规从事或参与营利性活动，谋取经济利益，损害了党员领导干部和国家公职人员的职务廉洁性，危害了党的干部队伍建设，破坏了市场经济的公平竞争环境，极大地促使了以权谋私、权钱交易等腐败现象的滋生。长期以来，党和国家都对于公职人员违反规定从事或者参与营利性活动的情形持严厉的否认态度。对此，《公职人员政务处分法》第三十六条规定，公职人员违反规定从事或者参与营利性活动的，予以警告、记过或者记大过；情节较重的，予以降级或者撤职；情节严重的，予以开除。在上面的案例中，余某多次违规从事参与营利性活动并谋取利益，情节较重，应予以降级或者撤职。

法　条

《中华人民共和国公职人员政务处分法》

第三十六条　违反规定从事或者参与营利性活动，或者违反规定兼任职务、领取报酬的，予以警告、记过或者记大过；情节较重的，予以降级或者撤职；情节严重的，予以开除。

22. 公职人员纵容、包庇黑恶势力活动的，会受到怎样的政务处分？

案　情

严某是一名中共党员，任某镇派出所指导员。该镇闲杂人员仇某利用同学、亲属、朋友等关系先后将五十余人纠集在一起，通过强占干股、收取保护费、提供赌资等手段，长期开设、控制地下赌场，聚敛大量财富。此外，仇某等人还插足油田工程、市场经营、拆迁等领域。这是一个典型的涉黑、涉恶、涉枪、涉黄、涉赌等具有多方面危害的犯罪组织。严某在收取大额贿赂后为仇某等人充当“保护伞”，长期对涉案情节严重、证据十分明显的问题线索置若罔闻，放任仇某的涉黑组织发展壮大、为害一方。那么请问，公职人员纵容、包庇黑恶势力活动的，会受到怎样的政务处分？

解　析

黑恶势力得以长期存在的原因之一，就是他们背后有“保护伞”。特别是一些地方的公职人员充当黑恶势力“保护伞”，不仅助长了黑恶势力的嚣张气焰，还严重损害了党和政府的形象。这些公职人员，不仅会受到相应的政务处分，如果构成犯罪，还要承担刑事责任。比如，《公职人员政务处分法》第三十七条规定，公职人员利用宗族或者黑恶势力等欺压群众，或者纵容、包庇黑恶势力活动的，予以撤职；情节严重的，予以开除。

在上面的案例中，严某作为仇某黑恶势力的“保护伞”，有案不立、立案不查、查案不力，为黑恶势力违法犯罪提供便利条件，帮助黑恶势力逃避惩处，情节严重，应予以开除。另外，严某还有受贿等行为，涉及刑事犯罪，应承担刑事责任。

法 条

《中华人民共和国公职人员政务处分法》

第三十七条 利用宗族或者黑恶势力等欺压群众，或者纵容、包庇黑恶势力活动的，予以撤职；情节严重的，予以开除。

23. 公务员对处分决定不服的，应该采取何种方式进行救济？

案 情

张某大学毕业之后，考入了某市中级人民法院，经过一年的试用期之后，成为一名正式的公务员。张某对待工作认真负责。2015 年 12 月的某一天，张某接到了家里的电话，说自己的母亲病了。于是，他不得不请假回去看望母亲。可是由于年底工作非常多，领导只给了他三天假。因为他的母亲病得很严重，他根本无法在三天之内回去。当他给领导打电话请假时，领导说工作太忙，要求他必须在规定的时间内回来。但在当前这种情况下，张某根本无法离开，只能继续照顾母亲。当他过了一个星期回到单位之后，领导告诉他因为他请假逾期不归，要给予他记过的处分。张某觉得自己是因为母亲生病，所以才不能来上班，心里感到很委屈。那么，其应该如何进行救济呢？

解 析

《公务员法》第九十五条第一款规定，受到处分的行政机关公务员对处分决定不服的，可以申请复核或者申诉。《公职人员政务处分法》也有相关的规定。由此可见，法律为了保护公务员的合法权利，避免其受到不适当的处罚，赋予了其进行申请复核或者申诉的权利。在本案中，张某虽然没有按照规定的假期回到单位上班，但是，他是有正当理由的，而且在这期间，他也曾经给领导打过电话，说明了自己的情况。因此，对于领导给予张某的处分行为，张某认为是不公正的。依据法律的规定，张某可以通过向相关的部门申请复核，或者直接申诉，以此来维护自己的合法权利。但是，在他复核、申诉的期间，他的处分不能停止执行，只有在复核或者申诉结果出来之后，如果真的是不适当的，才会停止或者撤销对张某的处分。另外，行政机关公务员不因提出复核、申诉而被加重处分。

法 条

《中华人民共和国公务员法》

第九十五条 公务员对涉及本人的下列人事处理不服的，可以自知道该人事处理之日起三十日内向原处理机关申请复核；对复核结果不服的，可以自接到复核决定之日起十五日内，按照规定向同级公务员主管部门或者作出该人事处理的机关的上一级机关提出申诉；也可以不经复核，自知道该人事处理之日起三十日内直接提出申诉：

（一）处分；

……

第九十六条 原处理机关应当自接到复核申请书后的三十日内作出复核决定，并以书面形式告知申请人。受理公务员申诉的机关应当自受理之日起六十日内作出处理决定；案情复杂的，可以适当延长，但是延长时间不得超过三十日。

复核、申诉期间不停止人事处理的执行。

公务员不因申请复核、提出申诉而被加重处理。

《中华人民共和国公职人员政务处分法》

第五十五条 公职人员对监察机关作出的涉及本人的政务处分决定不服的，可以依法向作出决定的监察机关申请复审；公职人员对复审决定仍不服的，可以向上一级监察机关申请复核。

监察机关发现本机关或者下级监察机关作出的政务处分决定确有错误的，应当及时予以纠正或者责令下级监察机关及时予以纠正。

第五十六条 复审、复核期间，不停止原政务处分决定的执行。

公职人员不因提出复审、复核而被加重政务处分。

第七章

保守国家秘密法

对于很多人来说，国家秘密这几个字离自己很遥远，认为保守国家秘密不是自己的责任，跟自己无关，但其实保守国家秘密需要全民共同努力。国家秘密是指关系到国家的安全和利益，有关国家机关在一定的时间范围内采取一定的手段只允许一部分人知道该秘密的事项。国家秘密对于一个国家是至关重要的，直接关系到一个国家的繁荣发展，甚至关系到一个国家的生死存亡。对于知道国家秘密的人来说，一定要严格按照国家法律规定进行保密，否则不仅可能自己需要承担相应的法律责任，更有可能极大地危害国家安全。

1. 什么是国家秘密？

案　情

邵某家住滨海某城市，在邵某居住的不远处，有一个海军基地，平日该基地都是戒备森严，有哨兵严格把守。今年春季，邵某经过熟人介绍认识了一人，该人让邵某每天尽量多拍摄该海军基地的活动，每个月给邵某两万块钱。邵某在巨额的利益面前，尽管知道该行为是不好的，但还是帮该人拍了大量照片。不久之后，邵某在拍摄时被正在巡逻的士兵抓了个正着。相关部门经过审讯之后，怀疑这是一起向境外组织提供我国军事信息的案件，经过调查之后，果然印证了该猜想。而邵某因为涉案已经被逮捕，公安机关人员向邵某解释，邵某拍摄的照片属于国家秘密，尽管公安机关的工作人员向邵某解释了半天，邵某仍然一头雾水，听不明白工作人员的解释，也没有意识到自己的行为究竟哪里违法了。那么，什么是国家秘密呢？公安机关的工作人员应该怎么解释呢？

解　析

根据我国《保守国家秘密法》第九条的规定："下列涉及国家安全和利益的事项，泄露后可能损害国家在政治、经济、国防、外交等领域的安全和利益的，应当确定为国家秘密……（二）国防建设和武装力量活动中的秘密事项……"由此可见，本案中邵某的行为属于泄露国防建设和武装力量活动中的保密事项，可能会损害国家安全和利益，邵某作为我国公民，应当自觉保守国家秘密。但是，在社会生活中，确实存在不少像邵某这样的人，他们不明白什么是国家秘密，更没有意识到自己的行为属于泄露国家秘密。那么，作为政府机关的工作人员，遇到这样的情况时，究竟应该怎样解释国家秘密呢？

所谓国家秘密，是指可能会威胁到国家的安全和利益，因而依照法定程序，在一定期间之内只允许特定人知晓的信息。国家秘密按照保密的程度以及对国家安全和利益的影响可以分为“绝密”“机密”“秘密”。其中，“绝密”是最重要的国家秘密，保密等级最高，泄露会使国家的安全和利益遭受特别严重的损害。“机密”是重要的国家秘密，保密等级虽然没有绝密高，但泄露后也会使国家的安全和利益遭受到严重损害。而“秘密”是一般的国家秘密，泄露会使国家的安全和利益遭受损害。无论是何种等级的国家秘密，一经确定为国家秘密，每一个公民都有义务保守。本案中，邵某拍摄的是我国的海军基地，属于武装力量活动的事项。一个国家的武装力量直接关系到一个国家的安全，因此，我国法律规定武装力量属于国家秘密。邵某不仅违法拍摄了该海军基地的照片，并且还将该照片提供给了境外组织，严重地威胁到了我国的国家安全，对于这种行为应该严惩。

法 条

《中华人民共和国保守国家秘密法》

第九条 下列涉及国家安全和利益的事项，泄露后可能损害国家在政治、经济、国防、外交等领域的安全和利益的，应当确定为国家秘密：

（一）国家事务重大决策中的秘密事项；

（二）国防建设和武装力量活动中的秘密事项；

（三）外交和外事活动中的秘密事项以及对外承担保密义务的秘密事项；

（四）国民经济和社会发展中的秘密事项；

（五）科学技术中的秘密事项；

（六）维护国家安全活动和追查刑事犯罪中的秘密事项；

（七）经国家保密行政管理部门确定的其他秘密事项。

政党的秘密事项中符合前款规定的，属于国家秘密。

2. 知道国家秘密的人需要保密多长时间？

案　情

李大爷年轻的时候是一名战斗机技术员，在国家多年的培养下，不仅掌握了先进的技术，而且还知道了我国战斗机技术的大量核心机密。李大爷在60岁那年退休了，之后国内的一家民用航空公司找到李大爷，想要高薪返聘李大爷继续从事飞机的维护工作。在巨额工资面前，李大爷答应了该民用航空公司的请求。李大爷的工作是传授飞机维护技术。但是不久之后，公安机关找到了李大爷，称李大爷涉嫌泄露国家机密。原来，李大爷20年前接受国家战斗机技术培训的时候签订了保密协议，协议中明确规定，培训内容为国家秘密，属于绝密级别，不得外传。可是李大爷却认为自己已经退休了，不需要继续保守秘密了。那么，知道国家秘密的人需要保守秘密多长时间呢？

解　析

根据我国《保守国家秘密法》第十五条第二款的规定，国家秘密按照级别不同，保密期限不同。一般情况下，绝密级不超过三十年，机密级不超过二十年，秘密级不超过十年；此外还有一些特殊情况需要特殊对待，各机关、单位应当根据工作需要，确定具体的保密期限、解密时间或者解密条件。当机关、单位根据工作需要决定公开已经确定为保密事项的，正式公布时即视为解密。对于其他未公开仍在保密期限内的保密事项，其工作人员无论何时、何种情况都必须保守该事项。

本案中，李大爷当时签订的保密协议已经明确表明，培训的内容是属于绝密级的秘密。按照我国法律的规定，绝密级秘密的保密期限是三十年，而李大爷是二十年之前接受的培训，换言之，李大爷的保密约定现在还没有过保密时限，李大爷仍然需要保守国家秘密，不能将培训的内容让他人知道。但李大爷现在却接受了一家民航公司的返聘，不仅将自己培训掌握的知识传授给他人，而且还是公开进行，性质很严重，所以，李大爷违反了保密协议，需要承担法律责任。公安机关工作人员的做法是正确的，其在工作中发现有人泄露国家秘密时，应当及时查处，以保障国家秘密不被泄露，保护国家安全和利益。

法　条

《中华人民共和国保守国家秘密法》

第十五条　国家秘密的保密期限，应当根据事项的性质和特点，按照维护国家安全和利益的需要，限定在必要的期限内；不能确定期限的，应当确定解密的条件。

国家秘密的保密期限，除另有规定外，绝密级不超过三十年，机密级不超过二十年，秘密级不超过十年。

机关、单位应当根据工作需要，确定具体的保密期限、解密时间或者解密条件。

机关、单位对在决定和处理有关事项工作过程中确定需要保密的事项，根据工作需要决定公开的，正式公布时即视为解密。

3. 将自己掌握的国家秘密告知自己的亲朋好友符合法律规定吗?

案情

小张在某市的监察委工作，平时的工作涉及很多关于贪污受贿案件的秘密，因为有一些案件处于正在调查的阶段，因此，监察委对此明确规定，工作中掌握的信息都属于国家秘密，不得外传。过年时，小张和家里的亲朋好友一起吃饭，家里人知道小张主要是负责反贪工作，就询问了他在工作中掌握的一些信息。小张虽然知道自己不应该说工作中的事，但是因为都是亲戚，并且也借着酒劲儿，他还是将自己知道的一些属于国家秘密的信息都告诉了亲戚。吃完饭后小张又嘱咐自己的亲戚不要将自己说的话告诉别人，但是家里的一些人还是将他说的话传给了别人，虽然没有造成严重的后果，但是小张的行为是否符合法律的规定呢？身为国家公职人员能将自己知晓的国家秘密告诉亲朋好友吗？

解　析

根据我国《保守国家秘密法》的相关规定，禁止在私人交往和通信中涉及国家秘密。小张和自己家的亲戚一起吃饭的行为属于私人交往的行为，按照我国法律的规定，在私人交往的行为之中，严禁涉及国家秘密，即使是自己最亲近的人，也不能告知。小张身为监察委的工作人员，他的工作性质决定了他会接触到很多涉及国家秘密的事项，尤其是很多贪污案件还正处在调查阶段，秘密一旦泄露，可能会对案件调查造成不利的影响，危害国家的安全和利益。并且小张所在的监察委已经明确规定，工作中的秘密事项不能告知他人，小张现在的行为不仅违反单位规定，同时还违反法律规定，相关机关对这种行为应该进行严惩，而小张也应该树立正确的观念意识，时刻保守工作过程中知晓的国家秘密，做一名合格的公职人员。

法　条

《中华人民共和国保守国家秘密法》

第二十六条　禁止非法复制、记录、存储国家秘密。

禁止在互联网及其他公共信息网络或者未采取保密措施的有线和无线通信中传递国家秘密。

禁止在私人交往和通信中涉及国家秘密。

4. 使用非涉密计算机处理国家秘密是否属于违法行为？

案　情

王某是国防科技大学的一名学生，今年毕业之后，王某顺利地通过公务员考试，成为某地公安系统的一名公职人员。因为王某在校期间主攻电子计算机，因此，王某在单位也主要负责计算机操作和运用部分。在一次跟踪某个案件的过程中，需要王某使用计算机对国家秘密进行处理，按照公安系统的规定，对国家秘密进行处理时必须使用系统内部的加密计算机系统。因为工作量非常大，需要几天才能完成，王某想提前完成工作，于是便在晚上下班后，回家使用自己的计算机处理工作。刚开始王某并不知道自己的行为有什么不妥之处，直到单位同事发现王某回家加班后，便告诉他本次工作涉及国家秘密，不能使用自己的电脑处理。请问，王某的行为是否属于违法行为？

解　析

根据我国《保守国家秘密法》第二十四条的规定："机关、单位应当加强对涉密信息系统的管理，任何组织和个人不得有下列行为……（三）使用非涉密计算机、非涉密存储设备存储、处理国家秘密信息……"在本案之中，王某的做法不合法，他不能使用非涉密计算机处理国家秘密信息。王某作为国家工作人员，应该严格遵守国家的法律规定，对于王某使用非涉密计算机处理国家秘密的行为，虽然其主观上并不是故意的，但是因为其家中的计算机没有加密，很有可能因此导致国家秘密的泄露，进而造成非常严重的后果，因而，王某的行为已经违反了国家法律的规定，有关机关应该就该行为作出相应的处罚。

法 条

《中华人民共和国保守国家秘密法》

第二十四条 机关、单位应当加强对涉密信息系统的管理，任何组织和个人不得有下列行为：

（一）将涉密计算机、涉密存储设备接入互联网及其他公共信息网络；

（二）在未采取防护措施的情况下，在涉密信息系统与互联网及其他公共信息网络之间进行信息交换；

（三）使用非涉密计算机、非涉密存储设备存储、处理国家秘密信息；

（四）擅自卸载、修改涉密信息系统的安全技术程序、管理程序；

（五）将未经安全技术处理的退出使用的涉密计算机、涉密存储设备赠送、出售、丢弃或者改作其他用途。

5. 知道国家秘密的工作人员是否需要签订保密协议书？

案 情

高某是一名军校学生，今年军校毕业之后便进入某部队，主要负责侦查工作。本来高某对自己的工作岗位非常满意，但是在正式入职之前，高某被告知，凡是负责侦查工作的工作人员，都需要签订保密协议。原来高某负责的工作内容经常涉及国家的军事秘密，并且在工作的过程中，还会经常参加培训，培训的内容也都属于国家秘密，因此，在入职之前必须签订保密协议。但是高某却认为，自己作为一名军人十分热爱祖国，自己肯定不会将掌握的秘密泄露出去，反而这种签订协议的做法，好像是有点不相信自己的人品。请问，像高某这样掌握国家秘密的人，是否需要签订保密协议呢？

解　析

根据我国《保守国家秘密法》第三十六条的规定，涉密人员上岗应当经过保密教育培训，掌握保密知识技能，签订保密承诺书，严格遵守保密规章制度，不得以任何方式泄露国家秘密。法律之所以这样规定，是因为一些特殊岗位的人员经常能够接触到国家秘密，如果不签订协议，可能并不能引起工作人员足够的重视，而签订了保密协议之后，工作人员在处理有关国家秘密的信息时就会格外注意。因此，本案之中，高某的想法是不对的，签订保密协议只是为了工作人员能够更好地工作，更好地保守国家秘密。对于每一个涉及国家秘密的人员来说，都应该自觉签订保密协议，严格遵守协议内容，切实保守国家秘密。

法　条

《中华人民共和国保守国家秘密法》

第三十六条　涉密人员上岗应当经过保密教育培训，掌握保密知识技能，签订保密承诺书，严格遵守保密规章制度，不得以任何方式泄露国家秘密。

6. 在进行涉及国家秘密的会议或者活动的时候，主办单位是否需要采取措施保护国家秘密?

案 情

某部队正在研究军事部署，想在某地建立一个武器加工厂。在建造之前，需要召开会议，因为这件事属于国家秘密，除了相关的人员，其他人员都不得知晓。会议是由该部队主持召开的，时间地点也都是由该部队确定的。但是到了召开会议的那天，参会的人员发现，该部队在主持召开这次会议的时候，没有采取任何的保密措施，有心之人很有可能窃听到这次会议的内容，于是便要求该部队立即停止会议，重新确定时间地点另行召开会议，并要采取严格的保密措施。而主持召开该会议的部队却认为没有这个必要，认为只要参会人员不说出会议的内容，其他人就不可能知道。请问，该部队是否需要采取一定的措施来保护国家秘密?

解 析

根据我国《保守国家秘密法实施条例》第二十七条的规定，举办会议或者其他活动涉及国家秘密的，主办单位应当采取下列保密措施：（1）根据会议、活动的内容确定密级，制定保密方案，限定参加人员范围；（2）使用符合国家保密规定和标准的场所、设施、设备；（3）按照国家保密规定管理国家秘密载体；（4）对参加人员提出具体保密要求。本案之中，既然召开会议的内容属于国家秘密，则主持召开会议的某部队，就有义务采取法律规定的措施来确保国家秘密的保守。并且，该部队的想法是错误的，只要是有关国家秘密的会议，就应该采取保密措施，一定要将泄露国家秘密的风险降低到最小。因此，在再次召开会议的时候，该部队应该按照法律的上述规定采取保密措施。

法 条

《中华人民共和国保守国家秘密法实施条例》

第二十七条 举办会议或者其他活动涉及国家秘密的，主办单位应当采取下列保密措施：

（一）根据会议、活动的内容确定密级，制定保密方案，限定参加人员范围；

（二）使用符合国家保密规定和标准的场所、设施、设备；

（三）按照国家保密规定管理国家秘密载体；

（四）对参加人员提出具体保密要求。

7. 任何知悉国家秘密的人员都需要作出书面记录吗?

案 情

李某和陈某都是应届毕业的大学生，两人通过考试进入国家安全系统，但是就职之后，两人的工作岗位并不同。李某因为大学学习的是计算机专业，所以主要负责国安系统的网络安全；而陈某大学学习的专业是法律，主要负责处理各种危害国家安全的案件。因为岗位的不同，陈某平日里的工作只是偶尔会涉及国家秘密，并且也都属于级别很低的国家秘密；而李某的工作则不仅会涉及国家秘密，并且还会知道很多属于国家绝密的信息。根据国家的相关规定，该单位要求对李某和陈某进行书面记录，但陈某认为，自己几乎接触不到保密级别特别高的秘密，没有必要进行书面记录。请问，本案之中，李某和陈某都知道国家秘密，但是秘密的级别不同，两人都需要作出书面记录吗？

解 析

根据我国《保守国家秘密法实施条例》第十四条的规定，机关、单位应当按照保密法的规定，严格限定国家秘密的知悉范围，对知悉机密级以上国家秘密的人员，应当作出书面记录。国家秘密根据程度的不同可以分为绝密级别、机密级别和秘密级别。按照我国法律规定，只有知悉机密级以上的国家秘密的人员，才需要作出书面记录。本案中，陈某知道的国家秘密都是属于级别很低的，所以按照我国法律的规定并不需要作出书面记录；而李某涉及很多绝密级别的国家秘密，必须对李某作出书面记录。所以，并不是所有知道国家秘密的人员都需要作出书面记录，只有对知悉一定级别的国家秘密的工作人员，才需要作出书面记录。

法 条

《中华人民共和国保守国家秘密法实施条例》

第十四条 机关、单位应当按照保密法的规定，严格限定国家秘密的知悉范围，对知悉机密级以上国家秘密的人员，应当作出书面记录。

8. 国家秘密被泄露或者可能被泄露时，相关的机关、单位应该怎么处理？

案　情

郭某是原航空公司总局的工作人员，早年的时候，曾经参加过某国防重点工程的建设，该国防重点工程的建设情况属于国家秘密。郭某退休之后，在一次上网的时候，其发现在某个论坛上网民们在探讨该国防重点工程的建设情况。为了显示自己见多识广，郭某在网上不仅公布自己参加了该重点工程的建设，还发表了一篇文章详细介绍了该国防重点工程的建设情况，但是该信息当时并没有被解密。这件事很快就被当地的公安机关知道了，公安机关将这篇文章提交给了保密部门，经过保密部门的鉴定认为郭某泄露了国家秘密，该信息一旦被不法分子知道，会给我国的国防建设带来巨大的损害。请问，公安机关在知道国家秘密被泄露了之后，应该采取怎样的措施进行处理？

解　析

根据我国《保守国家秘密法实施条例》第三十四条第一款的规定，机关、单位发现国家秘密已经泄露或者可能泄露的，应当立即采取补救措施，并在 24 小时内向同级保密行政管理部门和上级主管部门报告。由此可知，在发现国家秘密可能泄露或者已经泄露时，机关、单位应同时做两件事：先是立即采取补救措施，以防止国家安全和利益遭受更大损失；同时，要在 24 小时内向有关部门报告，以使相关部门尽快知悉并进一步采取补救措施。本案之中，公安机关经过鉴定已经知道郭某发表的文章属于泄密行为，应该立刻采取处理措施，从网上删除这篇文章，使网民们不能再查看；另外，公安机关还要在24小时内上报给相关的部门，等待相关部门的通知，配合相关部门的决定，将泄密的危险性降到最低。

法 条

《中华人民共和国保守国家秘密法实施条例》

第三十四条 机关、单位发现国家秘密已经泄露或者可能泄露的，应当立即采取补救措施，并在24小时内向同级保密行政管理部门和上级主管部门报告。

地方各级保密行政管理部门接到泄密报告的，应当在24小时内逐级报至国家保密行政管理部门。

9. 国家秘密的保密期限届满之后，应该怎样处理？

案 情

张大爷年轻的时候就入伍参军了，在退休之前就已经身居部队要职，掌握了很多我国的军事机密。最近，张大爷找到了自己年轻时候供职的部队，上交了很多自己在职时掌握的国家秘密。张大爷说，自己在收拾家的时候发现了当年留在家中的文件，打开之后认为虽然这些文件已经过了保密期限，但是仍然应该属于国家秘密，还是上交给自己供职的单位比较妥当。工作人员查看了张大爷带来的资料之后，经过仔细鉴别发现，这些资料有一部分已经解密了，有一部分还需要继续保密。部队领导对张大爷的做法大加赞赏，称张大爷的做法是十分正确的。那么，对于国家秘密来说，已经过了保密期限的，应该怎样处理呢？

解　析

根据我国《保守国家秘密法》第十九条的规定，一般来讲，国家秘密的保密期限已满的，自行解密。但如果保密期限将满，又仍需继续保密的，则需要在原保密期限届满前重新确定保密期限，并按照法定程序由原定密机关、单位或其上级机关决定。从本案中可以看出，虽然张大爷提供的材料中有一部分已经因保密期限届满而解密了；但是有一些文件仍然需要保密，对于这些需要保密的文件，相关的机关应该在保密期限届满之前重新再订立一个保密期限。对于像张大爷这种不知道应该怎样处理的国家秘密，交给原单位由国家进行处理是最妥当的。公职人员在工作过程中如果遇到类似张大爷这样的问题时，也应当及时反映给自己的单位，以保护好国家秘密，维护国家的安全和利益。

法　条

《中华人民共和国保守国家秘密法》

第十九条　国家秘密的保密期限已满的，自行解密。

机关、单位应当定期审核所确定的国家秘密。对在保密期限内因保密事项范围调整不再作为国家秘密事项，或者公开后不会损害国家安全和利益，不需要继续保密的，应当及时解密；对需要延长保密期限的，应当在原保密期限届满前重新确定保密期限。提前解密或者延长保密期限的，由原定密机关、单位决定，也可以由其上级机关决定。

10. 知道国家秘密的人员是否能够出境?

案 情

小李是一名警察，平日里的工作主要是负责刑事案件的侦查。最近，小李正在处理一起重大的军火走私案件，此案件正处在侦查阶段，警局里明确规定，该案件关系十分重大，案件里的任何信息都属于国家秘密，任何涉案的工作人员都不得将自己掌握的信息泄露给别人，一切掌握信息的人员都要遵守国家关于涉密人员的规定。不巧的是，小李的新婚妻子一直跟小李闹着要他兑现二人去国外度蜜月的承诺，小李拗不过妻子只好向领导打了请假报告，但是单位的领导告知小李，小李现在属于掌握国家秘密的工作人员，按照国家的规定不能出国。小李解释称自己只是掌握有关案情的基本信息，不会告知任何人，并且自己也只是出国游玩几天，并不会泄露任何工作信息，也不会耽误工作的进度。请问，知道国家秘密的工作人员出境要受限制吗?

解 析

根据我国《保守国家秘密法》第三十七条的规定，涉密人员出境应当经有关部门批准，有关机关认为涉密人员出境将对国家安全造成危害或者对国家利益造成重大损失的，不得批准出境。之所以对涉密人员出境进行限制，是出于对国家安全和利益的考虑。司法实践之中，确实存在一些掌握国家秘密的人员携带我国的国家秘密投靠了其他国家，给我国的国家安全和利益带来极大的威胁。根据我国法律的规定，涉密人员并不是一律不能出国，而是需要经过批准，如果涉密人员的出境可能会给国家利益带来损失，则不能批准其出境。本案之中的小李，出国之前应该先经过相关部门的批准，相关部门如果认为小李掌握的信息是级别比较高的国家秘密，则小李不能出国；如果认为小李掌握的信息即使出国也并不会带来任何不利结果，则小李就可以出国。

法　条

《中华人民共和国保守国家秘密法》

第三十七条　涉密人员出境应当经有关部门批准，有关机关认为涉密人员出境将对国家安全造成危害或者对国家利益造成重大损失的，不得批准出境。

第八章

行政许可法

行政许可是行政机关管理社会经济事务的一种重要方法，与人们的日常生活紧密相关，不管是公民进行某种商业活动，还是从事某种职业，可能都需要获得行政机关的许可。行政许可固然有利于政府规制社会秩序，但是，如果行政许可实行不当，也可能会损害公民的权利，进而影响整个社会的稳定。因此，作为行政机关的工作人员在进行相关的行政许可活动时，就需要懂得相关法律，明确自己享有哪些权利，应该履行哪些义务，从而更好地为人民服务，做好自己的本职工作，依法办事，避免损害公民权利的现象出现。

1. 行政工作人员可以拒绝为申请人解释行政许可条件吗？

案　情

吴某原来是某私营企业的一名员工，后来由于该企业破产，被迫下岗。在下岗之后，吴某一直找不到合适的工作，便准备自己创业。因为他比较擅长做饭，便准备在县城开一家饭店。吴某听朋友说开饭店必须有餐饮服务许可证，经过咨询之后，他到相关部门去申请。吴某到达该部门之后，看到大厅上面的展示牌上写着申请餐饮服务许可证所需要的材料之中，有一项是“食品安全管理人员符合本办法第九条有关条件的材料”。因为吴某并不懂法，对此感到很疑惑，便询问大厅的工作人员季某有关食品安全管理人员的材料是什么。那么请问，工作人员季某是否可以拒绝吴某的请求呢？

解　析

季某不能拒绝吴某的请求。依据我国《行政许可法》第三十条第二款的规定，申请人要求行政机关对公示内容予以说明、解释的，行政机关应当说明、解释，提供准确、可靠的信息。由此可知，行政许可机关的工作人员负有为申请人进行相关解释的义务，申请人提出要求，其不得拒绝。由于餐饮服务业关系到公民的生命健康权，因此，国家对此进行了更加严格的规定。根据我国《餐饮服务许可管理办法》第九条第一款第三项的规定，“食品安全管理人员符合本办法第九条有关条件的材料”是指具有经食品安全培训、符合相关条件的食品安全管理人员，即证明食品安全管理人员经过了培训的相关材料等。因此，在本案中季某不能拒绝吴某的请求，并且应当耐心为吴某解答。

法　条

《中华人民共和国行政许可法》

第三十条　行政机关应当将法律、法规、规章规定的有关行政许可的事项、依据、条件、数量、程序、期限以及需要提交的全部材料的目录和申请书示范文本等在办公场所公示。

申请人要求行政机关对公示内容予以说明、解释的，行政机关应当说明、解释，提供准确、可靠的信息。

《餐饮服务许可管理办法》

第九条　申请人向食品药品监督管理部门①提出餐饮服务许可申请应当具备以下基本条件：

……

（三）具有经食品安全培训、符合相关条件的食品安全管理人员，以及与本单位实际相适应的保证食品安全的规章制度；

……

第十条　申请《餐饮服务许可证》应当提交以下材料：

（一）《餐饮服务许可证》申请书；

（二）名称预先核准证明（已从事其他经营的可提供营业执照复印件）；

（三）餐饮服务经营场所和设备布局、加工流程、卫生设施等示意图；

---

① 现为市场监督管理部门。

（四）法定代表人（负责人或者业主）的身份证明（复印件），以及不属于本办法第三十六条、第三十七条情形的说明材料；

（五）食品安全管理人员符合本办法第九条有关条件的材料；

（六）保证食品安全的规章制度；

（七）国家食品药品监督管理局或者省、自治区、直辖市食品药品监督管理部门[①]规定的其他材料。

2. 在行政许可中，工作人员可以要求申请人提供与申请事项无关的材料吗？

案　情

小梦需要换领新的驾驶证，便拿着相关材料来到当地的车管所办理申请手续。当小梦到了车管所，将材料交给工作人员时，工作人员却要求她提供自己的婚姻情况证明。这让小梦非常不解，不清楚为什么申请驾照还需要提供婚姻情况的证明。当小梦问到工作人员时，工作人员告诉她，这是规定，如果她不提供，那么就没有办法将新驾照发放给她。那么请问，车管所的工作人员可以要求申请人提供与申请事项无关的婚姻情况的证明材料吗？

解　析

在行政许可中，工作人员不可以要求申请人提供与申请事

① 现为国家市场监督管理部门或自治区、直辖市市场监督管理部门。

项无关的材料，我国《行政许可法》第三十一条第一款明确规定，申请人申请行政许可，应当如实向行政机关提交有关材料和反映真实情况，并对其申请材料实质内容的真实性负责。小梦申请办理驾照，根据《机动车驾驶证申领和使用规定》第五十七条规定，机动车驾驶人应当于机动车驾驶证有效期满前九十日内，向机动车驾驶证核发地或者核发地以外的车辆管理所申请换证。申请时应当填写申请表，并提交以下证明、凭证：（1）机动车驾驶人的身份证明；（2）机动车驾驶证；（3）县级或者部队团级以上医疗机构出具的有关身体条件的证明。车管所的工作人员无权要求申请人出具上述三种材料以外的任何资料。因此，在本案中，车管所的工作人员不得要求小梦提交与换证无关的关于婚姻状况的证明材料。

法 条

《中华人民共和国行政许可法》

第三十一条第一款 申请人申请行政许可，应当如实向行政机关提交有关材料和反映真实情况，并对其申请材料实质内容的真实性负责。行政机关不得要求申请人提交与其申请的行政许可事项无关的技术资料和其他材料。

《机动车驾驶证申领和使用规定》

第五十七条 机动车驾驶人应当于机动车驾驶证有效期满前九十日内，向机动车驾驶证核发地或者核发地以外的车辆管理所申请换证。申请时应当填写申请表，并提交以下证明、凭证：

（一）机动车驾驶人的身份证明；

（二）机动车驾驶证；

（三）县级或者部队团级以上医疗机构出具的有关身体条件的证明。属于申请残疾人专用小型自动挡载客汽车的，应当提交经省级卫生主管部门指定的专门医疗机构出具的有关身体条件的证明。

3. 在申请行政许可时，申请人的材料不齐全，工作人员应该怎样做？

案　情

徐某因为对医学很感兴趣，在大学时便选择了学医。大学毕业之后，徐某准备自己开设一家私人诊所，便向朋友打听了开设诊所需要的材料。徐某将材料准备好之后便到相关部门办理申请医疗机构执业许可证。当徐某向卫生局的相关工作人员提交申请材料之后，工作人员告诉他，材料里缺少诊所的选址报告和设计平面图。过了几天徐某带着诊所的选址报告和设计平面图再次来到卫生局，这次工作人员告诉他需要提供拟设医疗机构的设备配置。因为工作人员并不是一次性地告诉徐某需要补充的材料，徐某前后一共跑了五次才将诊所执业许可证申请下来，为此，徐某非常气愤。那么请问，面对徐某的这种情况，工作人员应该怎么做？

解　析

我国《行政许可法》第三十二条第一款第四项明确规定，申请人申请材料不齐全或者不符合法定形式的，应当当场或者在五日内一次告知申请人需要补正的全部内容，逾期不告知的，自收到申请材料之日起即为受理。由此可见，在申请人的材料不符合法律的要求时，工作人员要一次性将其所需补充的文件告知申请人，如果超过规定的期限不告知，则收到材料之日就被视为受理之日。依法一次性告知申请人要补充的相关内容是工作人员的义务。在本案中，该部门工作人员发现徐某提交的申请材料不齐全时，其应该一次性告知徐某需要补充的全部内容，而不应让徐某为此前后跑五次。所以，工作人员的这种行为是违法的。

法 条

《中华人民共和国行政许可法》

第十二条 下列事项可以设定行政许可：

……

（五）企业或者其他组织的设立等，需要确定主体资格的事项；

……

第三十二条 行政机关对申请人提出的行政许可申请，应当根据下列情况分别作出处理：

……

（四）申请材料不齐全或者不符合法定形式的，应当当场或者在五日内一次告知申请人需要补正的全部内容，逾期不告知的，自收到申请材料之日起即为受理；

……

行政机关受理或者不予受理行政许可申请，应当出具加盖本行政机关专用印章和注明日期的书面凭证。

4. 行政机关有义务对不予行政许可的决定说明理由吗？

案　情

张某原来有一辆货车自己跑运输，后来他的订单不断增多，自己一个人忙不过来，而且经过几年的积累，张某现在也有了一定的存款，便准备成立一家货运公司。在购买了5辆货车之后，张某便拿着准备好的材料到道路运输管理机构申请道路运输许可证。张某将材料提交给工作人员之后，工作人员让他回去等消息，说审查完之后会通知他。七天之后，张某收到了不被授予道路运输许可证的通知，但是该机构并未向张某说明不予许可的理由。张某为此感到很奇怪，认为就算是不授予自己许可证，也应该将不授予许可的理由告诉自己，觉得工作人员的这种行为很不负责任。那么请问，行政机关有义务对不予许可的决定说明理由吗？

解　析

行政机关有义务对不予申请人许可的行为作出说明。依据我国《行政许可法》第三十八条的规定，申请人的申请符合法定条件、标准的，行政机关应当依法作出准予行政许可的书面决定。行政机关依法作出不予行政许可的书面决定的，应当说明理由，并告知申请人享有依法申请行政复议或者提起行政诉讼的权利。由此可知，对于公民、法人或者其他组织的行政许可申请，行政机关无论作出许可决定还是作出不予许可的决定，都应该以书面的形式告知申请人。行政机关作出不予行政许可的决定时，除了要向申请人说明理由之外，还要依法告知申请人享有依法申请行政复议或者提起行政诉讼的权利，以便申请人能够通过相关的救济途径维护自己的合法权利。在本案中，道路运输管理机构作出不予行可的决定时，只是将结果通知了张某，并没有说明不予许可的理由及张某享有的救济权利，这种行为是违法的。

法　条

《中华人民共和国行政许可法》

第三十八条　申请人的申请符合法定条件、标准的，行政机关应当依法作出准予行政许可的书面决定。

行政机关依法作出不予行政许可的书面决定的，应当说明理由，并告知申请人享有依法申请行政复议或者提起行政诉讼的权利。

5. 行政机关应如何作出准予有数量限制的行政许可的决定呢？

案　情

随着生活水平提高，幼儿的教育越来越受到家长的重视。为此，很多人都抓住这个机会开办幼儿园。某市的幼儿园最近几年的数量一直在不断增加，相关部门为了避免幼儿园数量过多，便规定某区只能再发放一个准予开办幼儿园的行政许可证。此时相关部门已经收到了刘某、吴某、赵某三个人的行政许可申请。经过审查之后，刘某、吴某、赵某三个人都具备开办幼儿园的条件，但是，只有其中的一个人会被准予行政许可。那么请问，当同时出现几个人申请有数量限制的行政许可时，行政机关该如何作出准予行政许可的决定？

解　析

根据是否存在数量限制来划分行政许可种类，共分为有数量限制的行政许可和无数量限制的行政许可两大类。所谓“有数量限制的行政许可”是指由于一定条件的限制，在某一个地区、同一时段内，对于准许从事某种活动的许可证只能发放一定数量，如果某一申请人取得该项许可后导致限额已满，此后其他的申请人就不能再申请该项许可了。在现实生活中，经常会出现几个人同时申请有数量限制的行政许可的情况，对此，《行政许可法》第五十七条作出了规定：“有数量限制的行政许可，两个或者两个以上申请人的申请均符合法定条件、标准的，行政机关应当根据受理行政许可申请的先后顺序作出准予行政许可的决定。但是，法律、行政法规另有规定的，依照其规定。”由此可见，如果在有数量限制的行政许可中，申请行政许可的人数超过了数量限制，而几个人又都符合条件，行政机关应根据各位申请人申请的先后顺序作出审批决定。所以，在本案中，行政机关应该根据受理刘某、吴某、赵某的行政许可申请的先后顺序作出准予行政许可的决定。

法　条

《中华人民共和国行政许可法》

第五十七条　有数量限制的行政许可，两个或者两个以上申请人的申请均符合法定条件、标准的，行政机关应当根据受理行政许可申请的先后顺序作出准予行政许可的决定。但是，法律、行政法规另有规定的，依照其规定。

6. 行政机关工作人员办理行政许可时有权向申请人收费吗？

案　情

杜某和他的妻子一直靠在外打工生活，他觉得自己父母年纪越来越大，需要人照顾，便决定回家做点儿小生意。和妻子商量之后，杜某准备开一个小吃店，他听朋友说开小吃店也要到市场监管局办理营业执照及食品安全许可证等。于是，杜某在将一些所需的设备布置好之后，便到当地的市场监管局去办理营业执照。让杜某意想不到的是，在他将材料交给工作人员之后，工作人员经过审查，让杜某交500元。杜某感到很奇怪，便问交费的原因。工作人员说当然是办理营业执照的费用。杜某觉得办理一个营业执照也太贵了，而且他听自己的朋友说办理营业执照是不用交费的。那么请问，市场监管局的工作人员有权向杜某收取行政许可费用吗？

解　析

在本案中，市场监管局的工作人员收取行政许可费的行为是违法行为。《行政许可法》第五十八条明确规定，行政机关实施行政许可和对行政许可事项进行监督检查，不得收取任何费用。但是，法律、行政法规另有规定的，依照其规定。行政机关提供行政许可申请书格式文本，不得收费。行政机关实施行政许可所需经费应当列入本行政机关的预算，由本级财政予以保障，按照批准的预算予以核拨。由此可以看出，行政机关实施行政许可所需经费由本级财政予以保障，除法律、行政法规另有规定的，行政机关在实施行政许可的时候不得向申请人收取任何费用。法律之所以如此规定，就是为了避免出现行政机关在行政许可中乱收费的现象。同时该法第七十三条规定，行政机关工作人员办理行政许可、实施监督检查，索取或者收受他人财物或者谋取其他利益，构成犯罪的，依法追究刑事责任；尚不构成犯罪的，依法给予行政处分。在本案中，市场监管局的工作人员要求杜某交500元办理营业执照费用的行为已经违反了法律规定，很可能会受到行政处分。

法条

《中华人民共和国行政许可法》

第五十八条 行政机关实施行政许可和对行政许可事项进行监督检查，不得收取任何费用。但是，法律、行政法规另有规定的，依照其规定。

行政机关提供行政许可申请书格式文本，不得收费。

行政机关实施行政许可所需经费应当列入本行政机关的预算，由本级财政予以保障，按照批准的预算予以核拨。

第七十三条 行政机关工作人员办理行政许可、实施监督检查，索取或者收受他人财物或者谋取其他利益，构成犯罪的，依法追究刑事责任；尚不构成犯罪的，依法给予行政处分。

7. 行政机关实施的行政许可在什么情况下要举行听证会?

案 情

几个月前，左某搬入了自己的新家，他的家在一个新开发的小区。左某和妻子计划在该小区开一家超市，找好门面房并做好其他准备工作之后，左某便到市场监管局去申请办理营业执照，他按照市场监管局的要求提交了相关材料，经过审查之后，工作人员告诉他，5 天之后要举行听证会，要求左某前来参加，举行完听证会后再决定是否授予左某行政许可。左某为此感到很惊讶，自己开超市申请一个营业执照，还需要举行听证会？那么请问，在本案中市场监管局发放营业执照的行政许可行为是否需要举行听证会呢？

解 析

并非行政机关实施的所有行政许可都要举行听证会。根据我国《行政许可法》第三十六条规定，行政机关对行政许可申请进行审查时，发现行政许可事项直接关系他人重大利益的，应当告知该利害关系人。申请人、利害关系人有权进行陈述和申辩。行政机关应当听取申请人、利害关系人的意见。此外，该法第四十六条同时规定，法律、法规、规章规定实施行政许可应当听证的事项，或者行政机关认为需要听证的其他涉及公共利益的重大行政许可事项，行政机关应当向社会公告，并举行听证。据此可知，只有在法律、法规、规章规定，或者行政机关认为行政许可事项涉及重大公共利益时，行政机关才应该举行听证。在本案中，左某申请办理超市的营业执照的行为并不涉及他人重大利益，没有必要举行听证会。

法 条

《中华人民共和国行政许可法》

第三十六条 行政机关对行政许可申请进行审查时，发现行政许可事项直接关系他人重大利益的，应当告知该利害关系人。申请人、利害关系人有权进行陈述和申辩。行政机关应当听取申请人、利害关系人的意见。

第四十六条 法律、法规、规章规定实施行政许可应当听证的事项，或者行政机关认为需要听证的其他涉及公共利益的重大行政许可事项，行政机关应当向社会公告，并举行听证。

8. 行政机关举行听证会应该遵循哪些规定?

案 情

原来在某医院工作的谢某准备自己开一家私人医院。他将开设医院的一些设备准备好之后，便到卫生局申请营业许可证。由于谢某开设私人医院关系到附近其他居民的利益，卫生局在告知附近居民有要求听证的权利后，附近居民便要求听证。但是，卫生局在召开听证会的前三天才通知谢某和附近居民举行听证的时间、地点，而且在召开听证会时，由原来卫生局办理许可证的人员负责主持，也没有公开进行。那么请问，卫生局召开听证会的程序是否符合法律的规定?

解　析

我国《行政许可法》第四十八条规定，“听证按照下列程序进行：（一）行政机关应当于举行听证的七日前将举行听证的时间、地点通知申请人、利害关系人，必要时予以公告；（二）听证应当公开举行；（三）行政机关应当指定审查该行政许可申请的工作人员以外的人员为听证主持人，申请人、利害关系人认为主持人与该行政许可事项有直接利害关系的，有权申请回避；（四）举行听证时，审查该行政许可申请的工作人员应当提供审查意见的证据、理由，申请人、利害关系人可以提出证据，并进行申辩和质证；（五）听证应当制作笔录，听证笔录应当交听证参加人确认无误后签字或者盖章”。在本案中，卫生局举行听证会是不符合法定程序要求的，主要表现在以下几个方面：第一，卫生局在举行听证会的前三天才通知谢某和附近的居民违反了法律“提前七日告知”的规定。第二，该卫生局的听证会由原来办理许可的工作人员主持，违反了法律规定的回避原则。第三，听证会没有公开举行违反了法律规定的“公开举行原则”。

法　条

《中华人民共和国行政许可法》

第四十八条　听证按照下列程序进行：

（一）行政机关应当于举行听证的七日前将举行听证的时间、地点通知申请人、利害关系人，必要时予以公告；

（二）听证应当公开举行；

（三）行政机关应当指定审查该行政许可申请的工作人员

以外的人员为听证主持人，申请人、利害关系人认为主持人与该行政许可事项有直接利害关系的，有权申请回避；

（四）举行听证时，审查该行政许可申请的工作人员应当提供审查意见的证据、理由，申请人、利害关系人可以提出证据，并进行申辩和质证；

（五）听证应当制作笔录，听证笔录应当交听证参加人确认无误后签字或者盖章。

行政机关应当根据听证笔录，作出行政许可决定。

9. 行政机关可以撤销被许可人以欺骗、贿赂等不正当手段取得的行政许可吗？

案 情

2016 年 2 月，冯某准备成立一家食品公司，并开始着手准备成立公司所需的场地、设备等。后来，冯某经过打听，听说成立食品公司还要到相关部门去办理食品安全许可证，而且要求还非常严格，冯某担心自己无法通过审查，想到现在有各种卖假证的，便托人办理了一张假的食品安全许可证。于是，冯某便带着这张假的证书和其他资料到市场监管局办理营业执照，其提交的资料通过了审查，市场监管局将营业执照发给了他。不久之后，市场监管部门进行检查时，发现冯某的食品安全许可证是假的，便将他的营业执照予以撤销。那么请问，市场监管局可以撤销冯某取得的营业执照吗？

解 析

我国《行政许可法》第六十九条规定，被许可人以欺骗、贿赂等不正当手段取得行政许可的，作出行政许可决定的行政机关或者其上级行政机关，根据利害关系人的请求或者依据职权，应当撤销行政许可。由此可见，如果申请人是在提供虚假材料或者利用其他欺骗手段获得行政许可的情况下，行政机关有权撤销已经赋予的行政许可。因此，在本案中，冯某的食品安全许可证是通过不正当手段得来的，属于提供虚假材料的行为，所以市场监管局有权撤销冯某取得的营业执照。

法 条

《中华人民共和国行政许可法》

第六十九条第二款 被许可人以欺骗、贿赂等不正当手段取得行政许可的，应当予以撤销。

10. 行政机关应该在多长时间内作出行政许可的决定?

案 情

小风通过了法律职业资格考试，领取了法律职业资格证书。小风一直想成为一名律师，如果要取得律师执业证书，需要在律所实习一年。在律所实习一年之后，小风便带着自己的各种材料前去司法局申请律师执业证书。司法局让小风将相关的材料交上去之后，便让他回家等通知。大概过了一个月，小风还没有收到通知，便去司法局询问，司法局的工作人员告诉他，让他再等等。小风又等了一个月，仍然杳无音信。因为马上就到了招聘季，自己需要律师证去应聘，为此，小风非常着急。那么请问，行政机关应该在多长时间内作出行政许可的决定？

解 析

行政机关授予行政许可，应该在法定期限内作出。《行政许可法》第四十二条规定了行政许可的具体期限，同时规定如果法律法规对行政许可的期限另有规定的，依照其规定。在本案中，小风申请的是律师执业证书，根据我国《律师法》第六条第三款的规定，受理申请的部门应当自受理之日起二十日内予以审查，并将审查意见和全部申请材料报送省、自治区、直辖市人民政府司法行政部门。省、自治区、直辖市人民政府司法行政部门应当自收到报送材料之日起十日内予以审核，作出是否准予执业的决定。准予执业的，向申请人颁发律师执业证书；不准予执业的，向申请人书面说明理由。由此可见，根据该法的规定，司法局应该在三十日内作出是否准予执业的行政许可。但小风等了两个月都没有收到任何通知，显然，司法局作出行政许可决定的时间已经超过了法定期限。

法 条

《中华人民共和国行政许可法》

第四十二条第一款 除可以当场作出行政许可决定的外，行政机关应当自受理行政许可申请之日起二十日内作出行政许可决定。二十日内不能作出决定的，经本行政机关负责人批准，可以延长十日，并应当将延长期限的理由告知申请人。但是，法律、法规另有规定的，依照其规定。

《中华人民共和国律师法》

第六条第三款 受理申请的部门应当自受理之日起二十日内予以审查，并将审查意见和全部申请材料报送省、自治区、直辖市人民政府司法行政部门。省、自治区、直辖市人民政府司法行政部门应当自收到报送材料之日起十日内予以审核，作出是否准予执业的决定。准予执业的，向申请人颁发律师执业证书；不准予执业的，向申请人书面说明理由。

11. 是否可以撤销行政机关工作人员滥用职权作出的行政许可？

案 情

小明高中毕业之后没有考上大学，因为他一直对做饭很感兴趣，他的父母便让他去学习烹饪。小明学成回来之后，便找了一个餐厅当厨师。工作几年后，小明辞职准备自己开一家饭店。因为小明在餐厅工作过，所以开饭店所需要的一些证件他都很清楚，但他觉得办理这些证件太麻烦了，便准备托关系把营业执照办下来。小明找到在市场监管局上班的同学方某，他在向方某说明了情况之后，方某很爽快地答应帮他办理营业执照。第二天，小明拿着自己的一些材料去市场监管局申请办理营业执照，果然，方某在他没有相关的材料的情况下，仍然给小明办理了营业执照。那么请问，是否可以撤销方某为小明授予的行政许可呢？

解　析

被许可人在向行政机关提出行政许可申请时，应向行政机关提供真实可靠的材料，同时，行政机关的工作人员在工作中应廉洁奉公，依法办事，不能滥用自己的职权。根据《行政许可法》第六十九条的规定，行政机关工作人员滥用职权、玩忽职守作出准予行政许可决定的，可以予以撤销行政许可。被许可人以欺骗、贿赂等不正当手段取得行政许可的，应当予以撤销。本案中，小明的同学方某在小明没有办理相关证件的情况下为他办理了营业执照，显然，方某属于滥用职权作出行政许可的决定，因此，应该将小明的营业执照撤销。

法　条

《中华人民共和国行政许可法》

第六十九条第一款　有下列情形之一的，作出行政许可决定的行政机关或者其上级行政机关，根据利害关系人的请求或者依据职权，可以撤销行政许可：

（一）行政机关工作人员滥用职权、玩忽职守作出准予行政许可决定的；

……

第二款　被许可人以欺骗、贿赂等不正当手段取得行政许可的，应当予以撤销。

第九章

行政处罚法

《行政处罚法》规定了我国行政处罚的设定与实施主体，是维护社会秩序与公共利益的一部重要法律。而一旦行政机关拥有了权力，如果不加以限制，很可能导致权力的滥用。而且现代法治要求行政机关在行使职权时要合法行政、合理行政，遵循程序正当的原则，尤其在对公民的权利进行限定时，更需要行政机关的工作人员在执法的过程中遵守行政法的基本原则，注意保护公民的合法权利，依法行政。所以，行政机关的工作人员应该进一步了解自己的职权，保证在工作的过程中依法办事，正确实施职权范围内的行政处罚，从而提高执法水平，推进全面建设社会主义法治国家的进程。

1. 执法人员作出行政处罚，但未告知当事人作出行政处罚理由的行为，是否合法？

案　情

张某在某县开了一家饭店，该饭店的菜不仅味道好，而且价格实惠，因此生意非常红火。可是，由于饭店的排水设施不完善，经常出现下水道堵塞的情况。而一旦下水道堵塞，张某家就把自家饭店的洗碗水等一些脏水泼在附近的地面上，导致街道周围都是一股异味。这种行为引起周围邻居的不满。一天，张某刚准备营业，就看到几个市场监管局的工作人员进来了。他们在张某的饭店进行一番检查后，什么也没说便要求张某交500元罚款，同时警告张某以后不要在门口街道上泼脏水了。张某觉得很奇怪，不知道自己为什么会被罚款。后来，张某便询问工作人员，为什么要交500元钱，这时工作人员才告诉他说这是对他的罚款，因为他经常在街道上泼脏水，影响了街道的整洁。那么请问，市场监管部门工作人员在作出处罚决定时不告知当事人理由的行为是否合法？

解　析

市场监管部门工作人员作出处罚决定时不告知当事人理由的行为是违法的。我国《行政处罚法》第四十四条规定：“行政机关在作出行政处罚决定之前，应当告知当事人拟作出的行政处罚内容及事实、理由、依据，并告知当事人依法享有的陈述、申辩、要求听证等权利。”据此可知，在进行行政处罚时，依法告知当事人处罚的相关信息是行政机关的义务。否则，行政机关如果不按照法律规定的程序作出处罚决定，该决定很可能会因程序不合法而被依法撤销。在本案中，虽然张某的行为是违法的，但是，工作人员对他进行处罚的程序存在瑕疵，其在处罚之前没有告知张某处罚的事实、理由和依据，而且也没有告知张某依法享有哪些权利，因此，市场监管部门工作人员的做法是不正确的。

法　条

《中华人民共和国行政处罚法》

第四十四条　行政机关在作出行政处罚决定之前，应当告知当事人拟作出的行政处罚内容及事实、理由、依据，并告知当事人依法享有的陈述、申辩、要求听证等权利。

2. 行政机关可以先作出行政处罚决定再收集证据吗？

案　情

某市环保局接到举报，称该市某化工厂经常排放污水，且该污水未经过任何处理，有害物质严重超标，给附近居民的生活带来了严重的影响。接到举报之后，市环保局经过调查发现，该市果然有一家化工厂经常排放污水。由于现在已经到了年底，市环保局工作人员觉得一时半会儿也不能将证据收集完，就算收集了证据也不能马上作出处罚决定。于是，市环保局决定先作出责令该化工厂停产停业的行政处罚决定，等到春节过后再对该厂的排污行为进行详细调查、收集证据，这样一举两得，既可以暂时减少污染，还能够为以后收集证据留足时间。那么请问，依据我国现行法律的相关规定，环保部门可以先作出行政处罚决定，再收集证据吗？

解　析

环保部门先作出行政处罚决定再收集证据的行为是违法的。我国《行政处罚法》第四十条明确规定："公民、法人或者其他组织违反行政管理秩序的行为，依法应当给予行政处罚的，行政机关必须查明事实；违法事实不清、证据不足的，不得给予行政处罚。"由此可知，行政机关在作出处罚决定时，必须在查明事实的基础之上进行，而查明事实主要是依据证据来认定的。法律禁止在不查明事实的基础上提前作出行政处罚的决定。在本案中，市环保部门应该先依法对该市化工厂污染环境的事实进行调查、收集证据，在违法行为已经查清，证据充分的情况下，才能依法作出行政处罚决定。

法　条

《中华人民共和国行政处罚法》

第四十条　公民、法人或者其他组织违反行政管理秩序的行为，依法应当给予行政处罚的，行政机关必须查明事实；违法事实不清、证据不足的，不得给予行政处罚。

3. 行政机关可以因当事人申辩而给予更重的处罚吗?

案 情

2020年6月，谢某开车去机场接自己的女儿。由于谢某家位于该市附近的一个县城，因此对该市的一些交通路况并不是很清楚。正当他经过一个红绿灯时，一个交警把他拦下了，说他已经压了道路两旁的实线，因此，要对他罚款50元，并且当面给了谢某处罚决定书。谢某一看，道路上果然是有实线，只不过如果不特别仔细地看，基本看不出来。谢某便申辩说自己没有看清楚，下次一定注意。而此时交警却说，谢某不承认错误，还为自己的违规行为进行申辩，要给谢某更重的处罚，除了罚款之外，还要扣分。那么请问，在这种情况之下，行政机关可以因当事人申辩而给予更重的处罚吗?

解 析

行政机关不可以因当事人申辩而给予更重的处罚。对此，我国《行政处罚法》第四十五条明确规定，当事人有权进行陈述和申辩。行政机关必须充分听取当事人的意见，对当事人提出的事实、理由和证据，应当进行复核；当事人提出的事实、理由或者证据成立的，行政机关应当采纳。行政机关不得因当事人陈述、申辩而给予更重的处罚。据此可知，当事人对行政机关作出的行政处罚不服的，有根据实际情况提出陈述、申辩的权利。行政机关必须充分听取当事人的意见，并对当事人提出的事实、理由和证据进行复核，如果当事人提出的事实、理由或者证据成立的，行政机关应当采纳，不能因为当事人行使、陈述申辩权而给予更重的处罚。在本案中，执法人员应听取当事人申辩意见，并依法对当事人的陈述进行复核，根据实际情况告知当事人是否采纳其意见，同时作出行政处罚决定，而不是因为当事人申辩就给予其更重的处罚，这种行为是违法的，剥夺了当事人进行申辩的权利。

法　条

《中华人民共和国行政处罚法》

第四十五条　当事人有权进行陈述和申辩。行政机关必须充分听取当事人的意见，对当事人提出的事实、理由和证据，应当进行复核；当事人提出的事实、理由或者证据成立的，行政机关应当采纳。

行政机关不得因当事人陈述、申辩而给予更重的处罚。

4. 行政机关可以对未成年人进行行政处罚吗？

案　情

小山今年12岁，刚上小学六年级，在他很小的时候父母就去世了，他一直与爷爷奶奶相依为命。他的爷爷奶奶每天早上都很早起来去早市卖菜，以维持生计。小山很懂事，知道爷爷奶奶抚养自己不容易，因此，只要平时不去上学，他就会帮助爷爷奶奶摆摊。一个周末，小山很早就起来去帮助爷爷摆摊卖菜。卖了一会儿，爷爷见菜不多了，就回家取菜，让小山在这里看着。这时城市管理行政执法人员过来检查，由于在这儿摆摊的人大多数都没有营业执照，所以得躲着执法人员，但是小山对这些都不懂，看着周围的商贩都跑了，小山还不知道是怎么回事，傻傻地站在那儿不动，被执法人员逮住。执法人员便让小山出示营业执照，小山说自己没有。于是，该执法人员便让小山交50元罚款，并且警告他以后不要再来这里摆摊，这是违法的行为。那么请问，行政机关可以对未成年人进行行政处罚吗？

解 析

行政机关不能对未成年人进行行政处罚。《行政处罚法》第三十条规定，不满十四周岁的未成年人有违法行为的，不予行政处罚，责令监护人加以管教；已满十四周岁不满十八周岁的未成年人有违法行为的，应当从轻或者减轻行政处罚。由此可知，即便未成年人的行为是违法的，如果不满十四周岁，行政机关也不能够对其作出行政处罚决定，可以让他的监护人进行管教。在现实生活中，城市中存在不少违章占道经营的流动商贩，不仅给附近的交通造成堵塞，同时使周边的环境卫生变得很差。对于占道经营的商贩，执法人员应对其进行说服教育，讲明利害关系，若商户还是拒不履行，执法人员可对其作出暂扣经营工具或强制收缴商品的处罚，情节严重的应当给予罚款或其他行政处罚。而在本案中，小山还未满十四周岁，属于不可以进行行政处罚的群体范围，行政机关可以对他进行教育。因此，行政机关对小山进行行政处罚的行为是错误的。

法 条

《中华人民共和国行政处罚法》

第三十条 不满十四周岁的未成年人有违法行为的，不予行政处罚，责令监护人加以管教；已满十四周岁不满十八周岁的未成年人有违法行为的，应当从轻或者减轻行政处罚。

5. 在行政处罚中，可以对同一个违法行为作出两次以上的处罚吗？

案　情

某县市场监管局接到群众的举报，称本县的某家饭店卫生条件不合格，不仅餐具没有依照规定消毒，而且饭店的厨房也是脏乱差。市场监管局在接到举报之后，便根据提供的线索前去检查。结果发现，该饭店的经营证件都是齐全的，但是，等他们到厨房进行检查时，发现厨房真的很脏，而且餐具就是简单地冲洗一下而已，很多卫生设施都不合格。于是，市场监管部门便要求饭店老板林某限期改正，并且对他罚款500元。一个星期之后，市场监管局的人员又去检查，见林某还没有进行改正，便又对他作出罚款1000元的行政处罚决定。对此，林某觉得很不公平，原来已经处罚过自己了，现在还未到改正的期限，又要交一次罚款。那么请问，在行政处罚中，可以对同一个违法行为作出两次以上的处罚吗？

解　析

在行政处罚中，不能对同一个违法行为作出两次以上的处罚，即我们所说的“一事不再罚”。一事不再罚就是对同一个违法行为，不能重复惩罚。对此，我国《行政处罚法》第二十九条涉及了一事不再罚的原则，即对当事人的同一个违法行为，不得给予两次以上罚款的行政处罚。行政处罚是在惩戒违法行为人的同时，教育和训诫违法行为人，使其不再犯法。罚款是行政处罚中财产罚的一种形式。在本案中，市场监管局对林某第二次进行罚款的行为就属于“一事再罚”，其在第一次检查时，已经对林某作出了罚款处罚，在限期改正期间，不能再对林某进行罚款处罚了。

法 条

《中华人民共和国行政处罚法》

第二十九条 对当事人的同一个违法行为，不得给予两次以上罚款的行政处罚。同一个违法行为违反多个法律规范应当给予罚款处罚的，按照罚款数额高的规定处罚。

6. 受委托行政执法的组织有权再转委托行政处罚权吗?

案 情

某市市场监管局委托当地的食品卫生监督站，每年定期对该市的食品加工厂进行检查，看其所生产的食品是否符合法律的规定。2020 年 4 月，该食品卫生监督站在对某个加工厂进行检查时，发现该加工厂在生产食品的过程中没有遵守食品安全规章管理制度，而且卫生也不符合要求。于是，食品卫生监督站对相关情况进行调查并收集证据之后，便以该市市场监管部门的名义对该违法企业作出责令停产停业、罚款 1 万元的行政处罚决定。同时，食品卫生监督站又委托该市的一个市场监管所来帮助其执行处罚决定。那么请问，该食品卫生监督站是否有权将自己受委托的行政处罚决定权转委托给其他行政机关？这种行为是否合法？

解　析

一般情况下，行政管理权应该由行政机关掌握和行使，但在某些情况下，行政机关可以在其法定的权限内，委托符合一定条件的组织代替自己实施行政处罚权。根据我国《行政处罚法》第二十一条的规定，“受委托组织必须符合以下条件：（一）依法成立并具有管理公共事务职能；（二）有熟悉有关法律、法规、规章和业务并取得行政执法资格的工作人员；（三）需要进行技术检查或者技术鉴定的，应当有条件组织进行相应的技术检查或者技术鉴定。”但是，依据《行政处罚法》第二十条的规定，受委托组织在委托范围内，以委托行政机关名义实施行政处罚；不得再委托其他组织或者个人实施行政处罚。由此可见，受委托的组织不能再将自己的权力进行转委托。在本案中，市场监管局依法将自己的权力委托给食品卫生监督站来行使，但是，食品卫生监督站在接受委托之后，不能再将自己的权力委托给其他的组织。

法　条

《中华人民共和国行政处罚法》

第二十条　行政机关依照法律、法规、规章的规定，可以在其法定权限内书面委托符合本法第二十一条规定条件的组织实施行政处罚。行政机关不得委托其他组织或者个人实施行政处罚。

委托书应当载明委托的具体事项、权限、期限等内容。委托行政机关和受委托组织应当将委托书向社会公布。

委托行政机关对受委托组织实施行政处罚的行为应当负责监督，并对该行为的后果承担法律责任。

受委托组织在委托范围内，以委托行政机关名义实施行政处罚；不得再委托其他组织或者个人实施行政处罚。

第二十一条 受委托组织必须符合以下条件：

（一）依法成立并具有管理公共事务职能；

（二）有熟悉有关法律、法规、规章和业务并取得行政执法资格的工作人员；

（三）需要进行技术检查或者技术鉴定的，应当有条件组织进行相应的技术检查或者技术鉴定。

7. 行政机关可以因为个别商家的违法行为而惩罚其他同行业的商家吗？

案 情

某市的一家生产糕点的食品公司因为在生产过程中所用的原料变质，导致很多消费者在食用之后出现呕吐的现象。该市的市场监管部门看到这个消息之后，马上组织人员对该食品公司进行了调查，经过调查发现，食品之所以出现问题，不仅仅是因为原料变质，与该公司的卫生还有一定的关系，该公司的很多设施都是不完备的，环境也特别差，也没有相关的负责食品安全的人员。于是，市场监管部门便决定，为了消费者的安全，要求该市所有的食品公司停产停业，进行整顿。同时，要求所有的商家重新制定本公司的食品安全规章制度，对负责食品安全的人员重新进行培训。市场监管局的此种行为让很多企业非常不满，因为一家公司的卫生不合格，并不代表所有的企业都是这样的。那么请问，市场监管部门的这种做法是否正确？

解　析

行政机关因为某一家企业的违法行为而连带处罚其他同类企业的行为是违法的。我国《行政处罚法》第三十八条规定："行政处罚没有依据或者实施主体不具有行政主体资格的，行政处罚无效。违反法定程序构成重大且明显违法的，行政处罚无效。"由此可知，只有在行政相对人违法的情况下，行政主体才可以作出行政处罚的决定，否则，即便作出处罚决定，也是不具有法律效力的。责令停产、停业是行政执法者对从事生产经营者所实施的违法行为而给予的行政处罚措施。它直接剥夺生产经营者进行生产经营活动的权利，只适用于违法行为严重的行政相对方。在本案中，市场监管部门因为一个企业有违法行为，而要求同行业所有的企业停产停业，这种做法会给其他合法企业造成一定的损失。因为其他的同类企业并没有违法行为，市场监管部门不能对其进行处罚，所以，依据法律的规定，市场监管部门的这种处罚是无效的。

法　条

《中华人民共和国行政处罚法》

第三十八条　行政处罚没有依据或者实施主体不具有行政主体资格的，行政处罚无效。

违反法定程序构成重大且明显违法的，行政处罚无效。

8. 行政机关可以对主动减轻危害后果的行政相对人减轻处罚吗?

案　情

吴某在某市有一家运输公司。不久前，吴某接到了一个订单，客户是吴某所在市下面的一个县的人，该客户要运输2吨石灰从市里到该县。吴某接到订单之后，马上安排司机曹某前去装货。可是，就在装完货正准备出该市的高速路口时，由于装货用力过猛的原因，导致很多石灰都洒出来了，弄得满地都是，严重影响了交通安全。此时，交警便将曹某拦下，要对他进行处罚。于是，曹某马上给吴某打电话，向吴某说明了情况，吴某得知后，立刻找人前来清理。后来，交警见吴某主动采取措施，已经将洒在路面上的石灰清理干净了，便准备减轻对曹某的处罚。那么请问，行政机关可以对主动减轻危害后果的行政相对人减轻处罚吗?

解　析

行政机关可以对主动减轻危害后果的行政相对人减轻处罚。依据我国《行政处罚法》第三十二条的规定，当事人主动消除或者减轻违法行为危害后果的，行政机关应当依法从轻或者减轻行政处罚。由此可见，如果行政相对人在违反法律之后，主动采取措施消除危害后果的，行政机关应该减轻对其的处罚。同时，该法第三十三条还规定，如果违法行为轻微并及时改正，没有造成危害后果，且当事人及时纠正自身违法行为的，就不予行政处罚。在本案中，吴某在得知自己货车上的石灰洒在路上之后，立即采取措施进行了清理，将危害予以消除，这种行为是值得鼓励的，因此，行政机关应该对曹某的违法行为减轻处罚，行政机关的做法是正确的。

法　条

《中华人民共和国行政处罚法》

第三十二条　当事人有下列情形之一，应当从轻或者减轻行政处罚：

（一）主动消除或者减轻违法行为危害后果的；

（二）受他人胁迫或者诱骗实施违法行为的；

（三）主动供述行政机关尚未掌握的违法行为的；

（四）配合行政机关查处违法行为有立功表现的；

（五）法律、法规、规章规定其他应当从轻或者减轻行政处罚的。

第三十三条　违法行为轻微并及时改正，没有造成危害后果的，不予行政处罚。初次违法且危害后果轻微并及时改正的，可以不予行政处罚。

当事人有证据足以证明没有主观过错的，不予行政处罚。法律、行政法规另有规定的，从其规定。

对当事人的违法行为依法不予行政处罚的，行政机关应当对当事人进行教育。

9. 行政机关可以因当事人配合查处违法行为的做法而对其减轻处罚吗?

案　情

某县的市场监管局接到群众的举报，说位于建设路的一个饭店的食物有问题，他们很多人吃了之后，回到家都是上吐下泻。有些人到医院一检查，医生说是食物中毒。于是，市场监管部门马上到该饭店进行调查。该饭店的老板李某见市场监管部门的人过来检查，便知道了原因。李某向市场监管部门解释说不是自己的原因，是他们购买的一批熟食出现了问题。市场监管部门在进行相关的调查之后，询问了李某一些情况，李某很积极地配合市场监管部门进行调查，告诉市场监管部门自己进货的来源以及都有哪几家购买此种商品。最后，由于市场监管部门及时采取了相关措施，减少了对消费者的影响。那么请问，在这种情况之下，行政机关可以因当事人配合查处违法行为的做法而对其减轻处罚吗?

解　析

在实际生活中，如果当事人积极配合行政机关查处违法行为有立功表现，那么应该减轻对当事人的处罚。对此，我国《行政处罚法》第三十二条第四项明确规定，当事人配合行政机关查处违法行为，有立功表现的，行政机关应当依法从轻或者减轻行政处罚。另外，该法第三十三条还规定，当事人违法行为轻微并及时纠正，没有造成危害后果的，不予行政处罚。

因此，对于当事人主动配合行政机关查处违法犯罪的行为并有立功表现是需要减轻或者从轻处罚的。在本案中，该饭店的老板李某积极配合行政机关进行调查，查处不法分子，减轻了对消费者造成的损害，为惩治违法行为作出了贡献，属于积极配合行政机关查处违法行为并有立功的表现，符合从轻或者减轻行政处罚的条件，因此，行政执法人员在对其作出行政处罚决定时，应从轻或减轻处罚。

法　条

《中华人民共和国行政处罚法》

第三十二条　当事人有下列情形之一，应当从轻或者减轻行政处罚：

（一）主动消除或者减轻违法行为危害后果的；

（二）受他人胁迫或者诱骗实施违法行为的；

（三）主动供述行政机关尚未掌握的违法行为的；

（四）配合行政机关查处违法行为有立功表现的；

（五）法律、法规、规章规定其他应当从轻或者减轻行政处罚的。

第三十三条　违法行为轻微并及时改正，没有造成危害后果的，不予行政处罚。初次违法且危害后果轻微并及时改正的，可以不予行政处罚。

当事人有证据足以证明没有主观过错的，不予行政处罚。法律、行政法规另有规定的，从其规定。

对当事人的违法行为依法不予行政处罚的，行政机关应当对当事人进行教育。

10. 在行政处罚中，行政机关有权采取哪些措施？

案　情

张某在某市的大学附近开了一家小吃店，其不仅平时开店经营，也会送外卖。因为离学校比较近，饭菜价格又比较实惠，很多学生都是叫他店里的外卖。可是，一天，有好几个同学在中午吃了饭之后肚子疼，马上被送到医院。后来，医生说是吃的食物有问题。而这几个同学都是吃的张某店里的饭，因为涉及的学生比较多，学校为了学生的安全，便向市场监管局举报，要求调查这家小吃店。市场监管局在得到消息之后，马上到小吃店进行调查。虽然该店的证件都符合要求，但是卫生条件非常差，而且他们用的餐盒有的都是捡回来再利用的。市场监管局收集了相关的证据之后，准备对该家小吃店进行处罚。那么请问，市场监管局可以采取哪些行政处罚措施呢？

解　析

根据《行政处罚法》第九条的规定，行政处罚的种类包括：（一）警告、通报批评；（二）罚款、没收违法所得、没收非法财物；（三）暂扣许可证件、降低资质等级、吊销许可证件；（四）限制开展生产经营活动、责令停产停业、责令关闭、限制从业；（五）行政拘留；（六）法律、行政法规规定的其他行政处罚。其中警告、罚款处罚，行政主体对公民处以二百元以下、对法人或者其他组织处以三千元以下罚款或者警告的行政处罚，如果违法事实确凿并且有法律依据的，执法部门可以当场作出行政处罚决定。而其他行政处罚需要经过调查取证等一般程序后再依法作出处罚决定。在本案中，由于张某的小吃店卫生不符合餐饮业的相关规定，导致很多人在用餐之后出现问题，侵害了这些人的健康权。因此，市场监管局在进行调查取证、查明事实的基础上，可以根据张某违法情节的轻重对其实施相应的行政处罚。

法 条

《中华人民共和国行政处罚法》

第九条 行政处罚的种类：

（一）警告、通报批评；

（二）罚款、没收违法所得、没收非法财物；

（三）暂扣许可证件、降低资质等级、吊销许可证件；

（四）限制开展生产经营活动、责令停产停业、责令关闭、限制从业；

（五）行政拘留；

（六）法律、行政法规规定的其他行政处罚。

第五十一条 违法事实确凿并有法定依据，对公民处以二百元以下、对法人或者其他组织处以三千元以下罚款或者警告的行政处罚的，可以当场作出行政处罚决定。法律另有规定的，从其规定。

11. 环保局能够对违法行为人进行行政拘留吗?

案 情

吴某是某县化工厂的厂长，环保局依法对该厂的排污情况进行检查。经过检查之后，环保局发现该厂所排放的污水严重超标。于是，环保局责令该厂停产停业进行整顿，并罚款 10 万元。但是，吴某一直没有按照规定上缴罚款，也没有按照要求将化工厂进行整顿。后环保局在要求吴某上缴罚款时，吴某不仅拒绝缴纳罚款，而且态度非常恶劣，称很多人的排污都不符合标准，为什么只处罚他一个人。吴某认为环保局对自己的处罚过重，甚至其还找自己厂里的工人到环保局闹事。环保局为阻止吴某的行为，准备对吴某进行行政拘留 15 天的处罚。那么请问，环保局能够对违法行为人进行行政拘留吗?

解 析

环保局不能对违法人员进行行政拘留。根据《行政处罚法》第十八条的规定，国家在城市管理、市场监管、生态环境、文化市场、交通运输、应急管理、农业等领域推行建立综合行政执法制度，相对集中行政处罚权。国务院或者省、自治区、直辖市人民政府可以决定一个行政机关行使有关行政机关的行政处罚权。限制人身自由的行政处罚权只能由公安机关和法律规定的其他机关行使。由此可见，只有公安机关才能够实施行政拘留，其他任何机关都不能超越职权，实施非法实施限制人身自由的行为。因此，在本案中，如果吴某不依法执行处罚决定，甚至到环保局去闹事，扰乱社会秩序，情节较为严重的，环保局应申请公安机关介入调查，需要对吴某进行行政拘留的，由该市公安机关来行使行政拘留权。

法　条

《中华人民共和国行政处罚法》

第十八条　国家在城市管理、市场监管、生态环境、文化市场、交通运输、应急管理、农业等领域推行建立综合行政执法制度，相对集中行政处罚权。

国务院或者省、自治区、直辖市人民政府可以决定一个行政机关行使有关行政机关的行政处罚权。

限制人身自由的行政处罚权只能由公安机关和法律规定的其他机关行使。

12. 行政机关的工作人员有权自行收缴罚款吗?

案　情

小何是某市一家公司的部门经理。某日，由于公司有一个重要的会议需要参加，而小何早上起来之后，因为路上堵车，很可能会迟到。因为这个会议非常重要，如果不能按时出席，不仅会对自己有影响，也将给公司造成重大损失。所以，为了能够及时赶到公司，小何便闯了红灯。而此时正好有交警巡逻经过这里，便对小何闯红灯和超速的违法行为作出扣分并罚款200元的行政处罚，后当场将处罚决定书交给了小何，让他马上交罚款。因为小何急着赶到公司，便马上将罚款交给了交警。

那么请问，交警的这种做法是否正确？行政机关的工作人员有权自行收缴罚款吗？

解　析

行政机关的工作人员不能自行收缴罚款。我国《行政处罚法》第六十七条规定，作出罚款决定的行政机关应当与收缴罚款的机构分离。当事人应当自收到行政处罚决定书之日起十五日内，到指定的银行或者通过电子支付系统缴纳罚款。银行应当收受罚款，并将罚款直接上缴国库。罚款，是指有行政处罚权的行政主体依法强制违反行政法律规范的行为人在一定期限内向国家缴纳一定数额的金钱的处罚方式，是行政处罚中财产罚的一种。通常情况下，行政处罚机关应当与收缴罚款的机关分离，这是为了避免出现执法人员违法执法的行为。据此可知，除了罚款的数额比较少或者是以后难以执行的情形，行政机关的执法人员一般情况下不能自行收缴罚款，应该告知被处罚的当事人到指定的银行或者通过电子支付系统缴纳罚款。在本案中，交警在执法时直接当场收缴被处罚人罚款的行为是违法的，其应该在作出处罚决定之后，让小何在一定的时间内到指定的银行或者通过电子支付系统缴纳罚款。

法　条

《中华人民共和国行政处罚法》

第六十七条　作出罚款决定的行政机关应当与收缴罚款的机构分离。

除依照本法第六十八条、第六十九条的规定当场收缴的罚款外，作出行政处罚决定的行政机关及其执法人员不得自行收缴罚款。

当事人应当自收到行政处罚决定书之日起十五日内，到指定的银行或者通过电子支付系统缴纳罚款。银行应当收受罚款，并将罚款直接上缴国库。

第六十八条　依照本法第五十一条的规定当场作出行政处罚决定，有下列情形之一，执法人员可以当场收缴罚款：

（一）依法给予一百元以下罚款的；

（二）不当场收缴事后难以执行的。

13. 对于行政机关在当场收缴罚款时不出具专用票据的行为，当事人有权拒绝缴纳罚款吗?

案　情

一天，某县市场监管局的工作人员在对该县的一条街道进行检查时，发现郑某等人在该条街道摆摊卖东西，严重影响了该条街道的卫生。于是，市场监管局便按照规定，对他们每个人作出罚款50元的行政处罚决定，并要求他们当场将罚款上缴。但是，郑某等人缴纳罚款之后，市场监管局的工作人员并没有给他们出具专用票据。其中一个小贩原来被处罚过，收到过专用票据。因此，这次他便问工作人员为什么没有给他们任何缴纳罚款的凭证，工作人员说他们罚款的数额比较少，没有必要再出具统一的专用票据，他们有记录就行了。那么请问，工作人员的这种做法是否正确？对于行政机关在当场收缴罚款时不出具专用票据的行为，当事人有拒绝缴纳罚款的权利吗？

解　析

行政机关当场收缴罚款，但不出具专用票据的，当事人可以拒绝缴纳罚款。根据我国《行政处罚法》第七十条的规定：“行政机关及其执法人员当场收缴罚款的，必须向当事人出具国务院财政部门或者省、自治区、直辖市人民政府财政部门统一制发的专用票据；不出具财政部门统一制发的专用票据的，当事人有权拒绝缴纳罚款。”由此可见，在当场收缴罚款时，无论罚款多少，行政机关必须依照规定，向当事人出具统一制发的专用票据，不能因为罚款的数额小就不出具专用票据。如果其不依法出具，那么当事人是可以拒绝缴纳罚款的。在本案中，市场监管局的工作人员因为罚款的数额小而不出具专用票据的做法是错误的。因为专用票据的出具不仅是其执法的凭证，也是当事人行使权利救济的一种证明。对此，郑某等人可以拒绝缴纳罚款。

法　条

《中华人民共和国行政处罚法》

第七十条　行政机关及其执法人员当场收缴罚款的，必须向当事人出具国务院财政部门或者省、自治区、直辖市人民政府财政部门统一制发的专用票据；不出具财政部门统一制发的专用票据的，当事人有权拒绝缴纳罚款。

14. 人民法院判处罚金时，行政机关已经没收当事人违法所得的，可以折抵相应的罚金吗?

案　情

几周前，某市的食品监管部门在对该市的食品生产企业进行检查时，发现其中的一家食品企业不仅生产设备不符合要求，而且也没有配备对食品安全负责的安全人员。随后，食品监管部门便对该企业展开调查，在调查的过程中发现除了这些违法行为之外，该企业生产的食品居然还掺杂掺假，很多原料对人的身体都是有害的。食品监管部门查清事实之后，便将该企业的违法所得没收，同时吊销该企业的食品安全许可证，市场监管部门也将其营业执照吊销。由于该企业的行为已经构成犯罪，随着公安机关介入，在检察院提起公诉之后，法院进行了审判，判处该企业罚金10万元。那么请问，对法院判处的罚金，可以用行政处罚中的没收违法所得来折抵吗?

解　析

行政处罚中没收的财产不可以折抵刑事处罚中的罚金。根据我国《行政处罚法》第三十五条第二款规定，违法行为构成犯罪的，人民法院判决罚金时，行政机关已经给予当事人罚款的，应当折抵相应罚金。由此可知，刑事处罚中的罚金可以用行政处罚中的罚款来折抵。然而，行政处罚中没收违法所得和刑事处罚中的罚金不可折抵。虽然违法所得与罚金指向的都是行为人的财产，但是，由于没收违法所得针对的是行为人的违法财产，而罚金的对象是当事人的合法财产，所以，二者是无法进行折抵的。在本案中，虽然行政机关已经将该食品公司的违法所得没收，但是，由于违法所得不能折抵罚金，所以，该企业仍然需要依照法院的判决如数缴纳罚金。

法 条

《中华人民共和国行政处罚法》

第三十五条 违法行为构成犯罪，人民法院判处拘役或者有期徒刑时，行政机关已经给予当事人行政拘留的，应当依法折抵相应刑期。

违法行为构成犯罪，人民法院判处罚金时，行政机关已经给予当事人罚款的，应当折抵相应罚金；行政机关尚未给予当事人罚款的，不再给予罚款。

第十章

治安管理处罚法

治安管理处罚是指对扰乱公共秩序、妨碍公共安全，侵害国家、集体和公民的人身权利和财产权利，但是尚未构成犯罪的行为，由公安机关给予行政处罚。治安管理处罚不同于刑事处罚，在处罚的力度上相对较轻。公安机关的日常工作之中有很大的一部分都是对治安案件的管理。因此，治安管理处罚经常会被用到。我国《治安管理处罚法》对于公安机关行使职权有着严格的规定，公安机关及其执法人员一定要严格遵守法律按照法律规定的程序执法。

1. 公安机关接到报案后能够拖延受理吗?

案　情

张某和李某是老乡，两人结伴来到A市打工。两人刚下了火车，在火车站附近寻找小旅馆的时候就遭遇了抢劫，在张某同抢劫犯搏斗的过程中，李某趁机拨打了附近派出所的报警电话。派出所的民警邢某在接到报警电话之后，直接对两人说，你们直接来派出所做笔录吧，派出所就不出警了。由于该派出所没有及时出警，张某和李某的财物被歹徒抢走，张某在和歹徒的搏斗过程中还受了伤。事后，张某和李某认为自己被抢和派出所不及时出警有着很大的关系。那么请问，本案中派出所民警接到报案后不及时出警的做法符合法律规定吗?

解　析

我国《治安管理处罚法》第七十七条规定，公安机关对报案、控告、举报或者违反治安管理行为人的主动投案，以及其他行政主管部门、司法机关移送的治安管理案件，应当及时受理并进行登记。由此可以看出，公安机关接到报警之后应该迅速受理。本案中，派出所的民警接到报警电话之后，没有迅速出警而是让受害人到派出所做笔录，这种做法是属于拖延受理的行为，按照我国法律的规定，派出所民警的行为属于行政不作为，是违反我国《治安管理处罚法》的，情节严重的，相关的公职人员需要接受行政处分或者承担刑事责任。因此，广大公职人员一定要严格按照法律规定履行自己的职责。

法 条

《中华人民共和国治安管理处罚法》

第七十七条 公安机关对报案、控告、举报或者违反治安管理行为人主动投案，以及其他行政主管部门、司法机关移送的违反治安管理案件，应当及时受理，并进行登记。

第七十八条 公安机关受理报案、控告、举报、投案后，认为属于违反治安管理行为的，应当立即进行调查；认为不属于违反治安管理行为的，应当告知报案人、控告人、举报人、投案人，并说明理由。

2. 在处理治安案件的过程中，警察能够对案件进行调解吗？

案 情

某日，陈某下班后，和自己的几个朋友到路边的烧烤店吃饭。在吃饭的过程中，陈某喝了很多酒，在他起身去厕所的时候，因为身体晃了一下，就踩到了邻桌林某的脚，陈某并没有道歉，就当作没事一样走开了。这时林某不乐意了，便骂道："没教养，踩到别人不知道说对不起吗？"陈某一听也来气了，于是双方就这样打了起来，摔坏了饭店不少的桌椅板凳和酒杯。旁边的人看到有人打架，便报了警，警察赶到之后，经过调查发现林某和陈某只是轻微擦伤，但是却给店主带来了不少经济损失。警察看到并没有造成严重后果，便组织三方进行调解，最终以林某和陈某赔偿店主的经济损失结案。请问，在治安案件之中，警察可以组织调解吗？

解　析

根据《治安管理处罚法》第九条的规定，对于因民间纠纷引起的打架斗殴或者损毁他人财物等违反治安管理行为，情节较轻的，公安机关可以调解处理。经公安机关调解，当事人达成协议的，不予处罚。经调解未达成协议或者达成协议后不履行的，公安机关应当依照本法的规定对违反治安管理行为人给予处罚，并告知当事人可以就民事争议依法向人民法院提起民事诉讼。调解处理既可以节约司法资源，同时又便于当事人双方化解矛盾。本案属于治安案件，而且并没有造成严重的后果，属于《治安管理处罚法》中规定的情节较轻的情形，因此，公安机关是可以进行调解处理的，同时应告知双方享有提起民事诉讼的权利。

法　条

《中华人民共和国治安管理处罚法》

第九条　对于因民间纠纷引起的打架斗殴或者损毁他人财物等违反治安管理行为，情节较轻的，公安机关可以调解处理。经公安机关调解，当事人达成协议的，不予处罚。经调解未达成协议或者达成协议后不履行的，公安机关应当依照本法的规定对违反治安管理行为人给予处罚，并告知当事人可以就民事争议依法向人民法院提起民事诉讼。

3. 警察办案时也存在需要回避的情形吗？

案 情

小李和小何在一个单位工作，一次，二人因为职位晋升的问题产生了矛盾。在一个早晨，小李和小何同时开着车来到单位上班，因为停车位的使用问题，两人在单位大打出手，小李把小何的鼻梁骨打断了。后来，小何被送往医院，其家人报了警。报警之后，警察将小李带到了公安局进行调查。在调查的时候，小李发现，负责自己案件的警察是小何的哥哥大何，因而小李认为大何肯定会故意整自己。于是小李便提出要求，不让大何负责自己的案件，否则自己就拒绝配合案件处理。那么，小李的要求究竟有没有法律依据呢？警察在办案的过程中，是否存在需要回避的情形呢？

解 析

根据我国《治安管理处罚法》第八十一条第一款的规定，“人民警察在办理治安案件的过程中，遇有下列情形之一的，应当回避；违反治安管理行为人、被侵害人或者其法定代理人也有权要求他们回避：（一）是本案当事人或者当事人的近亲属的；（二）本人或者其近亲属与本案有利害关系的；（三）与本案当事人有其他关系，可能影响案件公正处理的”。由此可以看出，人民警察在办理治安案件过程中，遇到特定情形也是需要回避的。为了维持司法公正，回避制度是十分有必要的，执法人员在执行公务过程中，如果发现自己需要回避的情形，一定要主动回避，否则可能导致案件重新处理，浪费司法资源。本案中，负责案件的警察是受害人的哥哥，属于本案当事人的近亲属的情形，因而按照我国法律的规定，大何应该回避。

法　条

《中华人民共和国治安管理处罚法》

第八十一条　人民警察在办理治安案件过程中，遇有下列情形之一的，应当回避；违反治安管理行为人、被侵害人或者其法定代理人也有权要求他们回避：

（一）是本案当事人或者当事人的近亲属的；

（二）本人或者其近亲属与本案有利害关系的；

（三）与本案当事人有其他关系，可能影响案件公正处理的。

人民警察的回避，由其所属的公安机关决定；公安机关负责人的回避，由上一级公安机关决定。

4. 派出所能够对违法人员作出拘留的处罚决定吗？

案　情

韩某经营了一家洗浴中心，刚开始的时候韩某一直本着诚信经营的理念本本分分地做生意。由于韩某的洗浴中心所在的位置有很多家洗浴中心，并且这些洗浴中心都不同程度地存在色情服务，所以韩某洗浴中心的生意一直不太景气。在利益的驱使之下，韩某也开始在自己的洗浴中心从事色情服务了。当地派出所在一次例行检查中，发现韩某的洗浴中心存在色情服务，于是便将涉案人员都带到了派出所，并且对韩某作出了行政拘留十五天、罚款两万元的处罚决定。韩某在被拘留之后，其家人找了律师咨询，律师说派出所无权作出行政拘留的处罚决定。那么请问，派出所能够作出行政拘留的处罚决定吗？

解　析

根据《治安管理处罚法》第九十一条的规定，派出所只能作出警告和五百元以下罚款的处罚决定。我国法律对于每个行政机构的处罚权限有着严格的规定，只有县级以上公安机关才可以作出行政拘留的处罚决定。行政拘留限制的是人身自由，人身自由权是人的基本权利，一旦处罚决定是错误的，对于人的权利损害是十分严重并且不能弥补的，所以行政机关及执法人员在作出行政拘留的处罚决定的时候一定要慎之又慎。本案之中的派出所对韩某作出了行政拘留十五天和罚款两万元的处罚决定，都是违反法律规定的，已经超出了其能够作出的处罚决定的范围，因此本案中派出所作出的处罚决定是无效的。

法　条

《中华人民共和国治安管理处罚法》

第九十一条　治安管理处罚由县级以上人民政府公安机关决定；其中警告、五百元以下的罚款可以由公安派出所决定。

5. 对于行政拘留的处罚决定能够暂缓执行吗？

案　情

范某是一名蔬菜批发商，平日里每天都在菜市场卖菜。于某是一名家庭妇女，每天傍晚都会去菜市场买菜。一天，于某又去菜市场买菜，来到了范某的摊位，在讨价还价的过程中，双方因为言语不合而发生了矛盾，于某揪住范某的头发，而范某则对于某又踢又踹，最终于某被范某打倒在地。周围人赶紧拨打了110和120，警察和救护车都赶到现场，救护车将于某送到医院，警察将范某带到了公安局。后经医院检查，于某只是轻微伤，并无大碍。公安机关在查明事情真相以后，对范某作出了行政拘留七天的处罚决定。范某不服该处罚决定，申请复议，并且要求暂缓执行处罚决定。请问，本案之中该行政拘留的处罚决定能够暂缓执行吗？

解　析

根据我国《治安管理处罚法》第一百零七条的规定，暂缓执行行政拘留要满足以下几个条件：第一，被处罚人对拘留决定不服，并且已经向行政机关申请行政复议，或者向法院提起行政诉讼。第二，被处罚人或者其近亲属向有关机关提出了符合条件的担保人，或缴纳了符合条件的保证金。第三，提出暂缓执行的书面申请。第四，公安机关认为暂缓执行没有社会危险性。一般情况下公安机关作出行政拘留的处罚决定的案件都是性质比较严重的治安案件，如果不能立即作出处罚决定就不能立即消除不良影响，因此对于暂缓执行的申请，行政执法人员一定要严格审查，只有同时满足以上四个条件才能批准暂缓执行，除此之外，复议期间和诉讼期间同样不停止执行行政处罚决定。本案中，范某对行政拘留的处罚决定不服，并且提出了行政复议，按照法律规定是拥有提出暂缓执行的权利的，但是仅仅提出暂缓执行是不够的，应该严格按照法律的规定进行申请，同时满足上述四个条件后才能暂缓执行。

法 条

《中华人民共和国治安管理处罚法》

第一百零七条 被处罚人不服行政拘留处罚决定，申请行政复议、提起行政诉讼的，可以向公安机关提出暂缓执行行政拘留的申请。公安机关认为暂缓执行行政拘留不致发生社会危险的，由被处罚人或者其近亲属提出符合本法第一百零八条规定条件的担保人，或者按每日行政拘留二百元的标准交纳保证金，行政拘留的处罚决定暂缓执行。

6. 公安机关能否对初次违反治安管理的未成年人执行行政拘留？

案 情

金某是一名十七岁的男生，初中毕业之后便一直在社会上打工，之前没有任何犯罪记录。一次偶然的机会，金某认识了张某，张某号称自己是这个区域的“老大”，并声称只要金某跟着自己混，便不愁吃喝，就这样金某开始跟着张某“混”。在随后的接触过程中，金某发现，张某组织了一群和自己岁数差不多大的青少年，主要让这些青少年抢劫、盗窃，并将得来的赃物用于犯罪团伙内部的消费，尽管金某知道这种行为是违法的，但是在利益的诱惑之下，金某还是加入了张某的犯罪团伙。金某在第一次盗窃的时候，被执勤民警当场抓住。进行了审讯之后，公安机关对金某作出行政拘留七天的处罚决定。公安机关对于初次违反治安管理的未成年人是否可以执行行政拘留的处罚决定呢？

解　析

根据我国《治安管理处罚法》第四十九条的规定，盗窃、诈骗、哄抢、抢夺、敲诈勒索或者故意损毁公私财物的，处五日以上十日以下拘留，可以并处五百元以下罚款；情节较重的，处十日以上十五日以下拘留，可以并处一千元以下罚款。同时，该法第二十一条规定，对已满十六周岁不满十八周岁，初次违反治安管理的未成年人，依法应当给予行政拘留处罚的，不执行行政拘留处罚。这是国家对未成年人的特别保护，考虑到未成年人心智发育的不成熟，对未成年人违法行为的宽大处理。本案中，金某是十七周岁的未成年人，虽有盗窃情形，但却是初次违反治安管理，因此，对于金某不应该执行行政拘留的处罚。

法　条

《中华人民共和国治安管理处罚法》

第二十一条　违反治安管理行为人有下列情形之一，依照本法应当给予行政拘留处罚的，不执行行政拘留处罚：

……

（二）已满十六周岁不满十八周岁，初次违反治安管理的；

……

第四十九条　盗窃、诈骗、哄抢、抢夺、敲诈勒索或者故意损毁公私财物的，处五日以上十日以下拘留，可以并处五百元以下罚款；情节较重的，处十日以上十五日以下拘留，可以并处一千元以下罚款。

7. 公安机关在作出扣押决定的时候，是否应该制作扣押清单？

案 情

林某是一名无业游民，平时一直以在天桥卖碟片为生。刚开始的时候林某仅仅是贩卖一些盗版的电影碟片，后来林某发现购买盗版碟片的人太少了，而旁边同样也是卖碟片的人却有着很好的生意来源。打听了之后林某才知道，原来别人都是卖色情碟片的。在利益的诱惑之下，林某也开始卖色情碟片。但是不久，公安机关就发现了林某贩卖色情碟片的违法行为，公安机关当场扣押了林某的所有碟片，具体的处罚结果需要对碟片进行鉴定之后才能作出。但是公安机关扣押林某碟片的时候没有给林某制作扣押清单。请问，公安机关在扣押物品的时候，需要制作清单吗？

解 析

根据我国《治安管理处罚法》第八十九条第二款的规定，公安机关对扣押的物品，应当会同在场见证人和被扣押物品持有人查点清楚，当场开列清单一式二份，由调查人员、见证人和持有人签名或者盖章，一份交给持有人，另一份附卷备查。法律虽然赋予了行政机关行政权力，但是法律同样规定行政机关在行使权力的时候一定要严格按照程序进行，否则该违反程序的行政行为可能被判定无效，情节严重的，相关人员还需要承担相应的责任，因此行政机关及其执法人员在履行职务的过程之中，一定要严格按照法律规定的程序进行。本案中，公安机关在扣押林某碟片的时候并没有按照法律规定开具扣押清单，这是违反我国法律规定的程序的。

法　条

《中华人民共和国治安管理处罚法》

第八十九条　公安机关办理治安案件，对与案件有关的需要作为证据的物品，可以扣押；对被侵害人或者善意第三人合法占有的财产，不得扣押，应当予以登记。对与案件无关的物品，不得扣押。

对扣押的物品，应当会同在场见证人和被扣押物品持有人查点清楚，当场开列清单一式二份，由调查人员、见证人和持有人签名或者盖章，一份交给持有人，另一份附卷备查。

……

8. 公安机关可以对违法行为当场作出处罚决定吗？

案　情

白某和范某都是农贸市场的商贩，两人都在农贸市场卖熟食。因为两人本来就存在着竞争关系，所以两人的关系并不是很好。一天早晨，白某和范某因为摊位的抢夺发生了争吵，在争吵的过程中，两人开始推搡，造成很多人围观，导致交通拥堵。周围人报了警之后，警察很快就赶到现场，经过对围观群众和当事人的调查，发现白某先动手打人，但是并没有造成严重后果，但是考虑到二人认错态度不端正，于是公安机关的工作人员便根据《治安管理处罚法》的规定，对白某和范某当场作出了罚款一百元的处罚决定。请问，本案中，公安机关能够当场作出处罚决定吗?

解　析

根据《治安管理处罚法》第一百条的规定，违反治安管理行为事实清楚，证据确凿，处警告或者二百元以下罚款的，可以当场作出治安管理处罚决定。当场作出处罚决定虽然十分便利，但是可能会因为程序的省略而导致当事人的权益受到损害，执法人员一定要严格按照法律规定，只有在满足上述条件的情况下才能当场作出处罚决定。在本案中，公安机关经过调查，确定是白某先动手打人，并且没有造成严重后果，属于事实清楚、证据确凿的情形，因此，公安机关的工作人员可以当场作出罚款一百元的处罚决定。

法　条

《中华人民共和国治安管理处罚法》

第一百条　违反治安管理行为事实清楚，证据确凿，处警告或者二百元以下罚款的，可以当场作出治安管理处罚决定。

第一百零四条　受到罚款处罚的人应当自收到处罚决定书之日起十五日内，到指定的银行缴纳罚款。但是，有下列情形之一的，人民警察可以当场收缴罚款。

（一）被处五十元以下罚款，被处罚人对罚款无异议的；

……

9. 拘留处罚决定书是否应该加盖公章？

案　情

朱某是一名普通职工，平日里爱好上网，并且喜欢在一些论坛里发表一下自己对热点事件的看法，在网上拥有大量的关注者。一次，朱某在单位和自己的同事张某发生了矛盾，为了报复张某，朱某便在网上编撰了张某出轨的消息进行发布，一时之间引起了广大网友的热议，很多人将张某“人肉搜索”出来，给张某及其家人的生活带来了极大的不良影响。张某及其家人看到事态严重之后便报了警，警察在调查之后发现该事件完全是朱某为了报复张某一手策划的，根据相关的法律规定，公安机关对朱某作出了行政拘留七天和罚款二千元的决定。但是在处罚决定作出之后，朱某提出质疑，公安机关开具的行政拘留处罚决定书中没有加盖印章。那么拘留处罚决定书是否应该加盖公章呢？

解　析

本案中，朱某在网上侮辱诽谤张某的行为是违法行为，公安机关对此进行处罚的行为是符合法律规定的，但是在作出行政处罚决定的时候一定要严格按照国家法律规定的程序进行。根据我国《治安管理处罚法》第九十六条的规定，公安机关作出治安管理处罚决定的，应当制作治安管理处罚决定书。决定书应当载明下列内容：（一）被处罚人的姓名、性别、年龄、身份证件的名称和号码、住址；（二）违法事实和证据；（三）处罚的种类和依据；（四）处罚的执行方式和期限；（五）对处罚决定不服，申请行政复议、提起行政诉讼的途径和期限；（六）作出处罚决定的公安机关的名称和作出决定的日期。决定书应当由作出处罚决定的公安机关加盖印章。执法人员在执法的时候应该注意，凡是需要对相对人进行处罚的，都应该在处罚决定书上加盖印章，每一个小的细节都应该严格按照法律规定进行。在本案中，按照我国法律的规定，行政拘留的处罚决定书是应该盖章的，朱某提出质疑是有法律依据的。

法 条

《中华人民共和国治安管理处罚法》

第九十六条 公安机关作出治安管理处罚决定的，应当制作治安管理处罚决定书。决定书应当载明下列内容：

（一）被处罚人的姓名、性别、年龄、身份证件的名称和号码、住址；

（二）违法事实和证据；

（三）处罚的种类和依据；

（四）处罚的执行方式和期限；

（五）对处罚决定不服，申请行政复议、提起行政诉讼的途径和期限；

（六）作出处罚决定的公安机关的名称和作出决定的日期。

决定书应当由作出处罚决定的公安机关加盖印章。

10. 能够处罚违反《治安管理处罚法》的精神病人吗?

案　情

周某是一名成年女性，患上了十分严重的精神病，连自己的父母都不能辨认。平日里，周某的父母在家对其严加看管，如果其父母不在家，便把门反锁。一次，周某的父母有事外出，将周某反锁在家里，周某偶然发现了备用钥匙，开门来到了街上。周某手里拿着一根棍子，看到人就打，打伤了五人。后来有人报警，警察来了之后将周某控制起来。周某的父母回家之后发现女儿闯了祸，便向警察解释，周某患有严重的精神病，要求免除处罚，请问，对于精神病人能否进行行政处罚呢?

解　析

我国《治安管理处罚法》第十三条规定，精神病人在不能辨认或者不能控制自己行为的时候违反治安管理的，不予处罚，但是应当责令其监护人严加看管和治疗。间歇性的精神病人在精神正常的时候违反治安管理的，应当给予处罚。本案中，周某患有严重的精神病，连自己的父母都不能辨认说明周某不具有辨认和控制自己行为的能力，因此，按照我国法律的规定，对于周某不应该进行行政处罚。但是执法人员应该告知周某的父母对其严加看管，如果周某父母不能积极看管周某，则需要将其送往精神病院强制治疗。周某的父母是周某的监护人，需要对周某的行为负责，因此对于周某打伤他人造成的损害，应该由周某的父母进行赔偿。

法 条

《中华人民共和国治安管理处罚法》

第十三条 精神病人在不能辨认或者不能控制自己行为的时候违反治安管理的，不予处罚，但是应当责令其监护人严加看管和治疗。间歇性的精神病人在精神正常的时候违反治安管理的，应当给予处罚。

第十一章

行政强制法

行政强制是指行政机关依照法定职权和程序对行政相对人的人身、财产和行为采取的强制性措施。在实施行政强制措施的过程中，执法主体必须是正式的执法人员，也就是行政机关中的公务人员。我国法律规定行政强制措施权不得委托，行政强制措施应当由行政机关中具备资格的正式执法人员实施，其他人员一律不得实施。在实施行政强制措施的过程中，具有行政强制权的公务人员处于优势地位，而等待被处理的行政相对人处于劣势地位，为了平衡二者之间在地位、权力上的不平等，我国颁布并实施了《行政强制法》，这部法律规定了行政机关及工作人员在实施行政强制措施的过程中应遵守的程序和方式等，也规定了行政相对人对行政机关工作人员的违法行政行为如何进行救济等，以规范行政机关公务人员的执法行为，维护行政相对人的合法权益。

1. 行政强制措施可以委托他人进行吗?

案　情

辽宁省某市政府要对该市某一老城区进行改造，兴建小型广场，供市民健身、娱乐用。为此，某市政府将该项目发包给了该市某建筑公司，负责所建广场的选址、设计、修建等工作事宜。位于该城区的居民赵某与某市政府签订了《旧城改建房屋征收实物安置与货币补偿协议书》，协议书中对房屋征收安置、搬迁过渡、费用结算等情况进行了具体约定，赵某也在协议书上签了字。但是，赵某的父亲老赵坚决不同意搬迁，并阻挠施工队对房屋进行拆除。建筑公司的负责人将此事告知某市政府，市政府在履行完法定程序之后，委托建筑公司实施强拆，建筑公司对赵某的房屋进行了强制拆除。请问，市政府可以委托建筑公司强制拆除赵某的房屋吗?

解　析

上述案例中涉及的主要问题是行政机关是不是可以将行政强制权交由他人进行，答案是否定的。根据《行政强制法》第十七条的规定，行政强制措施由法律、法规规定的行政机关在法定职权范围内实施。行政强制措施权不得委托。行政强制措施应当由行政机关具备资格的行政执法人员实施，其他人员不得实施。具体到上述案例，案件中的营口市政府是执法的行政机关，按照法律规定，如果需要强制拆除，应当由营口市政府具备执法资格的工作人员对赵某的房屋进行强制拆除，但是，营口市政府却将该项权力委托给兴建广场的建筑公司，这一做法违反了《行政强制法》第十七条的规定，营口市政府应当对此承担相应的法律责任。

法 条

《中华人民共和国行政强制法》

第十七条 行政强制措施由法律、法规规定的行政机关在法定职权范围内实施。行政强制措施权不得委托。

依据《中华人民共和国行政处罚法》的规定行使相对集中行政处罚权的行政机关，可以实施法律、法规规定的与行政处罚权有关的行政强制措施。

行政强制措施应当由行政机关具备资格的行政执法人员实施，其他人员不得实施。

2. 行政机关实施行政强制措施时未听取当事人的陈述和申辩，符合法律规定吗？

案 情

某航空有限公司经营的业务范围是国内航空客货运输业务以及其他相关的服务业务等。2019 年 2 月，中国民用航空中南地区管理局及其派出机构民航 H 省安全监督管理局在日常监管过程中，发现某航空有限公司存在安全隐患。民航 H 省安全监督管理局紧急组织监察员对某航空有限公司运行情况进行全面检查，并向中国民用航空中南地区管理局发出《关于对某航空有限公司运行检查的情况报告》。同年 3 月 10 日，中国民用航空中南地区管理局以民航明传电报的方式向某航空有限公司发出《关于暂停某航空公司飞行的通知》。某航空有限公司收到上述停飞通知后于3月15日全面停飞。请问，中国民用航空中南地区管理局向某航空有限公司实施行政强制时，应当怎样保障其陈述和申辩的权利？中国民用航空中南地区管理局在作出暂停飞行通知时，未听取某航空有限公司的陈述和申辩是否符合法律规定？

解　析

我国《行政强制法》第十八条规定："行政机关实施行政强制措施应当遵守下列规定……（四）通知当事人到场；（五）当场告知当事人采取行政强制措施的理由、依据以及当事人依法享有的权利、救济途径；（六）听取当事人的陈述和申辩……"在上述案例中，中国民用航空中南地区管理局以民航明传电报的方式向某航空有限公司发出《关于暂停某航空公司飞行的通知》，这属于行政机关对行政相对人作出的行政强制措施，根据《行政强制法》第十八条的规定，中国民用航空中南地区管理局应当在通知中告知某航空有限公司依法享有的权利、救济途径，并应当听取某航空有限公司的陈述和申辩。而案例中中国民用航空中南地区管理局并未对相关内容进行告知，也未听取当事人的陈述和申辩，这种做法是不符合法律规定的。

法　条

《中华人民共和国行政强制法》

第十八条　行政机关实施行政强制措施应当遵守下列规定：

……

（四）通知当事人到场；

（五）当场告知当事人采取行政强制措施的理由、依据以及当事人依法享有的权利、救济途径；

（六）听取当事人的陈述和申辩；

……

3.《行政强制法》对行政机关实施行政强制执行有时间上的限制吗？

案　情

某市政府决定组织实施中心城市东城区综合改造项目。该区域位于该市华阳街办的行政管辖区，该政府决定由华阳街办实施该改造工程中涉及的拆迁房屋项目，华阳街办为此成立了华阳街办拆迁指挥部。韩某在东城区华阳街办有一套住房，正好在拆迁范围内。韩某认为拆迁方提出的补偿项目、数额均不合理，所以一直未与拆迁方签订拆迁补偿协议。2019 年 12 月 10 日，华阳街办拆迁指挥部作出公告，要求韩某在 15 日内自行拆除。但是韩某在规定的期限内没有自行拆除，并且既没有申请行政复议，也没有提起行政诉讼。2020 年 4 月，华阳街办拆迁指挥部为了避免韩某阻挠拆迁的进行，趁着韩某在清明节回老家时对房屋进行了强制拆除，请问，这一做法符合法律规定吗？

解　析

根据我国《行政强制法》第四十四条的规定，对违法的建筑物、构筑物、设施等需要强制拆除的，应当由行政机关予以公告，限期当事人自行拆除。当事人在法定期限内不申请行政复议或者提起行政诉讼，又不拆除的，行政机关可以依法强制拆除。对于强制拆除的时间限制，该法第四十三条又规定，行政机关不得在夜间或者法定节假日实施行政强制执行。具体到上述案例，华阳街办拆迁指挥部应当遵守《行政强制法》的规定，不得在夜间或法定节假日实施行政强制执行。华阳街办拆迁指挥部应当选择合适的方式和时间进行房屋强拆工作，但其选择在韩某清明节回老家时将韩某的房屋强制拆除，这一做法是不符合法律规定的。

法　条

《中华人民共和国行政强制法》

第四十三条第一款　行政机关不得在夜间或者法定节假日实施行政强制执行。但是，情况紧急的除外。

第四十四条　对违法的建筑物、构筑物、设施等需要强制拆除的，应当由行政机关予以公告，限期当事人自行拆除。当事人在法定期限内不申请行政复议或者提起行政诉讼，又不拆除的，行政机关可以依法强制拆除。

4. 行政机关可以申请人民法院实施行政强制执行权吗?

案　情

安风县正顺镇村民于某，在没有获得当地行政管理局批准的情况下，在正顺镇做砂石加工、销售的生意。2020 年 7 月 5 日，正顺镇某居民将此事举报给安风县生态局，安风县生态局因此对于某展开调查，证实举报情况属实。同年7月13日，安风县生态局对于某作出了责令停止生产并处罚款的行政处罚。2020年12月，于某在法定期限内既未向环保行政部门陈述申辩和申请行政复议，也未提起行政诉讼，又拒不履行行政处罚确定的义务，继续做生意。安风县生态局遂向所在市人民法院申请了强制执行。请问，安风县生态局向市人民法院申请强制执行的做法正确吗？

解　析

根据我国《行政强制法》第五十三条的规定，当事人在法定期限内不申请行政复议或者提起行政诉讼，又不履行行政决定的，没有行政强制执行权的行政机关可以自期限届满之日起三个月内，依照本章规定申请人民法院强制执行。在上述案例中，安风县生态局对于某作出了行政处罚，当于某在法定期限内既不履行法定义务，又没有申请行政复议或提起行政诉讼时，没有行政强制执行权的安风县生态局可以申请人民法院执行。自安风县生态局作出行政处罚决定至2020年12月，已经超出了法定申请复议和提起诉讼的时间，而且又没有超出法律规定的申请法院强制执行的三个月期限，因此，安风县生态局有权向市法院申请强制执行。另外，根据《行政强制法》第五十四条的规定，行政机关申请人民法院强制执行前，应当催告当事人履行义务。催告书送达十日后当事人仍未履行义务的，行政机关可以向所在地有管辖权的人民法院申请强制执行。也就是说，安风县生态局在申请法院强制执行前，还应当履行催告于某履行义务的通知，当催告书送达后十日内于某仍不履行义务的，安风县生态局就可以向该市法院申请强制执行了。

法　条

《中华人民共和国行政强制法》

第五十三条　当事人在法定期限内不申请行政复议或者提起行政诉讼，又不履行行政决定的，没有行政强制执行权的行政机关可以自期限届满之日起三个月内，依照本章规定申请人民法院强制执行。

第五十四条　行政机关申请人民法院强制执行前，应当催告当事人履行义务。催告书送达十日后当事人仍未履行义务的，行政机关可以向所在地有管辖权的人民法院申请强制执行；执行对象是不动产的，向不动产所在地有管辖权的人民法院申请强制执行。

5. 在申请法院强制执行的情况下，谁应当承担强制执行所需要的费用？

案　情

2019 年 7 月，某市居民杨某在搭建房屋时，将房屋搭建范围向公路建筑控制区延伸了 5 米。某市公路管理站的路政人员在上路巡查过程中，发现了杨某违法建筑的情况，遂立即与杨某谈话，要求杨某立即停止该违法行为，但遭到杨某的拒绝。2019 年 8 月，某市公路管理站正式对杨某作出限期 15 日将违法建筑拆除的行政决定书，并张贴公告。杨某被催告后对此仍不予理睬，不但不对违法建筑进行拆除，还继续在公路建筑控制区进行搭建工作。2020 年 1 月，某市公路管理站以杨某违法搭建房屋，在法定期限内既不履行义务，又不申请行政复议、提起行政诉讼为由，向该市人民法院申请强制执行。该市人民法院收到申请后，履行完相关法律程序就依法对杨某违法建筑部分进行了强制拆除。请问，人民法院强制拆除所花费的费用应当由谁来承担？

解 析

根据我国《行政强制法》第六十条第一款的规定，行政机关申请人民法院强制执行，不缴纳申请费。强制执行的费用由被执行人承担。具体到本案，该市人民法院根据某市公路管理站的申请，对杨某在公路建筑控制区的违法建筑进行强制拆除，依据上述条文的规定，人民法院在拆除过程中所花费的费用应当由被强制执行的当事人杨某承担。另外该条同时规定："人民法院以划拨、拍卖方式强制执行的，可以在划拨、拍卖后将强制执行的费用扣除。依法拍卖财物的，由人民法院委托拍卖机构依照《中华人民共和国拍卖法》的规定办理。划拨的存款、汇款以及拍卖和依法处理所得的款项应当上缴国库或者划入财政专户，不得以任何形式截留、私分或者变相私分。"人民法院在进行强制执行的过程中必须严格遵守法律的相关规定，应当由行政相对人承担的费用依法让其负责。

法 条

《中华人民共和国行政强制法》

第六十条 行政机关申请人民法院强制执行，不缴纳申请费。强制执行的费用由被执行人承担。

人民法院以划拨、拍卖方式强制执行的，可以在划拨、拍卖后将强制执行的费用扣除。

依法拍卖财物，由人民法院委托拍卖机构依照《中华人民共和国拍卖法》的规定办理。

划拨的存款、汇款以及拍卖和依法处理所得的款项应当上缴国库或者划入财政专户，不得以任何形式截留、私分或者变相私分。

6. 我国法律对行政机关实施行政强制措施时有人数的限制吗？

案　情

宋某是一名货车司机。上个月，宋某与某饮料厂签订了劳动合同，负责帮该饮料厂向各地运输饮料。上周，宋某接到第一次指派，要往A市乐家超市运送一车的饮料。当日上午10点45分，A市运输管理处的执法人员李某在A市天长西路对过往车辆进行检查，当李某对宋某的货车进行检查时，首先向宋某告知了自己的身份并出示了相关证件。在检查中发现宋某没有携带道路运输驾驶员货物从业资格证件，而宋某称因这次运输工作比较急，证件落在公司了。李某认为宋某的理由不充分，遂当场作出了扣押其运输车辆的强制措施并根据《道路运输从业人员管理规定》第四十五条的规定对宋某处以1000元罚款。请问，李某在执法过程中有不合法之处吗？

解　析

根据《道路运输从业人员管理规定》第四十五条的规定，县级以上道路运输管理机构对未取得相应从业资格证件的人员，当其驾驶道路客货运输车辆行驶时，可以责令其改正，处以

200元以上2000元以下罚款，如果构成犯罪，应依法追究刑事责任。所以执法人员对宋某作出的罚款规定有法律依据。而《行政强制法》第十八条规定："行政机关实施行政强制措施应当遵守下列规定：（一）实施前须向行政机关负责人报告并经批准；（二）由两名以上行政执法人员实施；（三）出示执法身份证件……"因此，行政机关执法人员在实施查封、扣押时，最少应该由两名执法人员进行，实施前须向行政机关负责人报告并经批准。具体到本案中，李某在执法时旁边并没有其他执法人员，其也未向道路运输管理机构的负责人报告该情况，因此对宋某作出的强制措施是李某一人擅自进行的，这一行为违反了《行政强制法》的规定，所以是不正确的。

法　条

《道路运输从业人员管理规定》

第四十五条　违反本规定，有下列行为之一的人员，由县级以上道路运输管理机构责令改正，处200元以上2000元以下的罚款；构成犯罪的，依法追究刑事责任：

（一）未取得相应从业资格证件，驾驶道路客货运输车辆的；

（二）使用失效、伪造、变造的从业资格证件，驾驶道路客货运输车辆的；

（三）超越从业资格证件核定范围，驾驶道路客货运输车辆的。

《中华人民共和国行政强制法》

第十八条　行政机关实施行政强制措施应当遵守下列规定：

（一）实施前须向行政机关负责人报告并经批准；

（二）由两名以上行政执法人员实施；

（三）出示执法身份证件；

……

7. 行政机关进行行政强制执行前没有催告当事人的做法合法吗？催告应当是书面形式还是口头形式？

案　情

秦某在某五星级酒店工作，职务是该酒店的二厨。2020 年 2 月，工作了三年的秦某从该五星级酒店辞职，自己开了一家小型饭店。由于秦某对开饭店的花费没有估计准确，饭店开业之后购买食材的钱款已经不多了，为了节省花费，秦某通过“特殊途径”买到一些地沟油供饭店使用。2020 年 5 月，该市市场监管局对本市的各家店铺进行检查，发现了秦某饭店使用地沟油的事情，认定该饭店行为违法，责令秦某停止经营活动，并对饭店予以查封。但是，执法人员对秦某进行强制执行时没有对秦某进行催告，秦某因此对市场监管局的执法行为表示不服。请问，市场监管局在强制执行时没有对秦某进行催告的做法正确吗？催告应当以什么样的形式作出呢？

解　析

饭店私自使用地沟油的行为是违法行为，市场监管局有权依法查处。根据《食品安全法》第三十四条第一项、第二项、第六项的规定，禁止生产经营者生产经营危害人体健康物质的食品、食品添加剂等。地沟油属于对人体健康有害的食品，市场监管局可以依此对秦某的饭店作出行政强制措施。市场监管局在查处前应按照《行政强制法》第三十五条的规定，事先催告当事人履行义务。而且，催告应当以书面形式作出。催告书应当载明下列事项：(一) 履行义务的期限；(二) 履行义务的方式；(三) 涉及金钱给付的，应当有明确的金额和给付方式；(四) 当事人依法享有的陈述权和申辩权。案例中市场监管局在实施行政强制措施时未按规定进行，所以是不符合法律规定的。

法 条

《中华人民共和国食品安全法》

第三十四条 禁止生产经营下列食品、食品添加剂、食品相关产品：

(一) 用非食品原料生产的食品或者添加食品添加剂以外的化学物质和其他可能危害人体健康物质的食品，或者用回收食品作为原料生产的食品；

(二) 致病性微生物，农药残留、兽药残留、生物毒素、重金属等污染物质以及其他危害人体健康的物质含量超过食品安全标准限量的食品、食品添加剂、食品相关产品；

……

(六) 腐败变质、油脂酸败、霉变生虫、污秽不洁、混有异物、掺假掺杂或者感官性状异常的食品、食品添加剂；

……

《中华人民共和国行政强制法》

第三十五条 行政机关作出强制执行决定前，应当事先催告当事人履行义务。催告应当以书面形式作出，并载明下列事项：

(一) 履行义务的期限；

（二）履行义务的方式；

（三）涉及金钱给付的，应当有明确的金额和给付方式；

（四）当事人依法享有的陈述权和申辩权。

8. 行政机关对行政相对人实施行政强制时，需要中止执行的情况有哪些？

案 情

M市税务局在对该市的各个商家进行检查时发现，林某经营的“好之颜”化妆品店存在逃税的情况，于是对“好之颜”化妆品店进行了详细调查，最终证实了“好之颜”化妆品店逃税的事实。于是，该市税务局对林某的化妆品店作出了暂扣营业执照的行政强制决定。但是在税务局实施强制措施的过程中，第三人钟某提出了异议，对税务局的执法人员说，营业执照是钟某所有，林某趁着自己出国在外，将营业执照偷偷拿去使用，并出示了相关证据。请问，这种情况下，税务局应当怎样做？

解 析

根据我国《行政强制法》第三十九条的规定，第三人对执行标的主张权利，确有理由的，中止执行。具体到上述案例，作为第三人的钟某对该市税务局作出的暂扣营业执照的做法表示异议，并向税务局主张营业执照是自己所有，是林某将营业执照偷出，做出逃税的违法行为，并出示相关证据证明了自己的说法。税务局在钟某提出这一主张后，应当根据上述条文的规定中止执行。根据该条规定，行政机关在实施行政强制时，遇有下列情形的，应当中止执行：（一）当事人履行行政决定确有困难或者暂无履行能力的；（二）第三人对执行标的主张权利，确有理由的；（三）执行可能造成难以弥补的损失，且中止执行不损害公共利益的；（四）行政机关认为需要中止执行的其他情形。

同时该条也规定，中止执行的情形消失后，行政机关应当恢复执行。但是，对没有明显社会危害，当事人确无能力履行的，如果中止执行满三年未恢复执行的，行政机关将不再执行。

法 条

《中华人民共和国行政强制法》

第三十九条 有下列情形之一的，中止执行：

（一）当事人履行行政决定确有困难或者暂无履行能力的；

（二）第三人对执行标的主张权利，确有理由的；

（三）执行可能造成难以弥补的损失，且中止执行不损害公共利益的；

（四）行政机关认为需要中止执行的其他情形。

中止执行的情形消失后，行政机关应当恢复执行。对没有明显社会危害，当事人确无能力履行，中止执行满三年未恢复执行的，行政机关不再执行。

9. 自然人死亡后，行政机关是否应当终结强制执行？

案 情

最近，某市卫生行政部门对全市从事食品经营的个体工商户进行临时检查。在卫生行政部门进行检查时，该市的个体工商户周某经营的一家熟食店，被发现使用不合格的食品添加剂。该市卫生行政部门遂作出决定，责令周某停业整顿，并处罚款1000元。但周某不但没有缴纳罚款，而且也没有按卫生行政部门的规定停业整顿。卫生行政部门经过机关负责人的批准，决定对周某进行强制执行。但是在强制执行时，周某因遭遇车祸而身亡。那么，在这种情况下，行政机关是否应当终结执行行政强制措施？

解　析

上述案例涉及的主要问题是公民死亡后，行政机关是否应当终结执行行政强制措施。根据我国《行政强制法》第四十条的规定，公民死亡，无遗产可供执行，又无义务承受人的，终结执行。从条文中我们可知，公民死亡后，行政强制是否还有必要进行，需要分情况看待。当公民死亡，其无遗产可供执行，又无义务承受人的，行政强制不再进行。当公民死亡，有遗产，有义务承受人的，并不当然终结执行。具体到上述案例，如果周某死后没有遗产，也没有义务承受人的话，行政机关应当终结执行；但是周某有部分遗产或是有义务承受人的，那么行政机关还会继续执行行政强制措施。

法　条

《中华人民共和国行政强制法》

第四十条　有下列情形之一的，终结执行：

（一）公民死亡，无遗产可供执行，又无义务承受人的；

（二）法人或者其他组织终止，无财产可供执行，又无义务承受人的；

（三）执行标的灭失的；

（四）据以执行的行政决定被撤销的；

（五）行政机关认为需要终结执行的其他情形。

10. 催告期间，行政机关对转移财产的当事人采取立即强制执行的做法有法律依据吗?

案 情

青岛某旅行社组织了“两坝一峡”两日游活动，具体的行程安排是游览三峡大坝景区之后，就去游览坛子岭、截流纪念园等其他景区。游客孙某报名参加了某旅行社组织的两日游活动。但是据孙某说，该旅行社安排游客游览完三峡大坝景区后，根本没有带游客游览坛子岭等其他景区，于是孙某向青岛市旅游局举报了某旅行社。青岛市旅游局对某旅行社进行了调查，发现某旅行社工作人员在旅游行程中擅自更改了行程，未带游客游览行程中约定的大坝核心景区，只是在外围进行观赏，并且没有带游客游览别的景区。

青岛市旅游局依据《旅游法》，责令某旅行社予以改正，并罚款三万元。由于某旅行社逾期没有缴纳罚款，后经上级批准，青岛市旅游局决定扣押该旅行社一辆价值50万元的汽车，但是在执法时，旅游局执法人员发现该汽车的所有权已经转移到与旅行社无关人员沈某的名下，于是旅游局作出了立即强制执行的决定。请问，某旅行社在催告期间转移财产，旅游局采取立即执行的做法有何法律依据吗?

解 析

根据我国《旅游法》第六十九条及第一百条的规定，旅行社应当按照旅游合同的约定履行义务，不能擅自更改旅游行程安排，如果旅行社违反规定，擅自更改线路，旅游主管部门可以责令改正，处以三万元以上三十万元以下罚款并责令停业整顿等。本案中，某旅行社的行为违反了上述法律规定，所以青岛市旅游局可以依据这一条款对某旅行社作出行政强制措施。

根据我国《行政强制法》第三十七条第三款的规定，在催告期间，对有证据证明有转移或者隐匿财物迹象的，行政机关可以作出立即强制执行决定。因此，对某旅行社不缴纳罚款，还转移财产的行为，旅游局可以作出立即强制执行决定，以降低某旅行社的违法行为所带来的不利后果。

法 条

《中华人民共和国旅游法》

第六十九条 旅行社应当按照包价旅游合同的约定履行义务，不得擅自变更旅游行程安排。

……

第一百条 旅行社违反本法规定，有下列行为之一的，由旅游主管部门责令改正，处三万元以上三十万元以下罚款，并责令停业整顿；造成旅游者滞留等严重后果的，吊销旅行社业务经营许可证；对直接负责的主管人员和其他直接责任人员，处二千元以上二万元以下罚款，并暂扣或者吊销导游证：

（一）在旅游行程中擅自变更旅游行程安排，严重损害旅游者权益的；

（二）拒绝履行合同的；

（三）未征得旅游者书面同意，委托其他旅行社履行包价旅游合同的。

《中华人民共和国行政强制法》

第三十七条第三款 在催告期间，对有证据证明有转移或者隐匿财物迹象的，行政机关可以作出立即强制执行决定。

11. 我国法律对行政机关查封、扣押的范围有哪些规定和限制？

案　情

某市市场监管局接到省级部门下达的指令，对本市经营食品和药品的商铺进行检查。在检查的过程中，发现该市的一家卫生服务站出售的一种药品没有达到国家规定的质量标准，于是该市市场监管局决定没收这批药品以及该卫生服务站的违法所得6000元，并处以罚款处罚。该卫生站的负责人蒋某称自己并没有违法，拒绝缴纳罚款，并阻挠执法人员对药品进行没收。于是，市场监管局的执法人员将卫生站的医疗设备进行了查封、扣押。请问，该市市场监管局的做法正确吗？法律对行政机关查封、扣押的范围作了哪些规定和限制？

解　析

根据我国《行政强制法》第二十二条至第二十四条的规定，查封、扣押应当由法律、法规规定的行政机关实施，其他任何行政机关或者组织不得实施。查封、扣押限于涉案的场所、设施或者财物，不得查封、扣押与违法行为无关的场所、设施或者财物；不得查封、扣押公民个人及其所扶养家属的生活必需品。行政机关决定实施查封、扣押的，应当履行本法第十八条规定的程序，制作并当场交付查封、扣押决定书和清单。具体到上述案例，市场监管局对卫生站进行检查时，有权作出行政强制措施。但是，因其只是检查出某种药品不合格，医疗设备并没有问题。因此，对蒋某拒不执行市场监管局决定的，执法人员只能查封、扣押与该不合格药品相关的财物，不可以查封、扣押与案件无关的财物。而且，市场监管局进行查封、扣押时，应当按照法定程序进行，制作并当场交付查封、扣押决定书和清单。市场监管局实施该行政强制措施时，未履行法律规定的义务，或者未按照法定程序进行的，很有可能导致该行政行为因不合法而无效。

法　条

《中华人民共和国行政强制法》

第二十二条　查封、扣押应当由法律、法规规定的行政机关实施，其他任何行政机关或者组织不得实施。

第二十三条　查封、扣押限于涉案的场所、设施或者财物，不得查封、扣押与违法行为无关的场所、设施或者财物；不得查封、扣押公民个人及其所扶养家属的生活必需品。

当事人的场所、设施或者财物已被其他国家机关依法查封的，不得重复查封。

第二十四条　行政机关决定实施查封、扣押的，应当履行本法第十八条规定的程序，制作并当场交付查封、扣押决定书和清单。

查封、扣押决定书应当载明下列事项：

（一）当事人的姓名或者名称、地址；

（二）查封、扣押的理由、依据和期限；

（三）查封、扣押场所、设施或者财物的名称、数量等；

（四）申请行政复议或者提起行政诉讼的途径和期限；

（五）行政机关的名称、印章和日期。

查封、扣押清单一式二份，由当事人和行政机关分别保存。

12. 行政机关可以对已经被其他行政机关查封的财物进行重复查封吗？

案 情

燕子手机销售店推出了一款新型手机，在出售的第一个月就获得了较高的销售业绩。但是，一个月后，与该手机销售店相邻的达派手机店也开始出售同款手机。为了排挤竞争对手，燕子手机店以低于该款手机正常价格的价钱进行手机销售。达派手机店将燕子手机店的行为举报给了物价局，物价局证实举报内容属实后，根据《价格法》的规定对燕子手机店作出了罚款五万元的决定。但是燕子手机店没有向物价局缴纳罚款，在物价局对其进行催告后，燕子手机店仍然无动于衷。后经过上级机关批准，物价局决定查封该手机店的手机商品。但是执法人员在执行时发现，该手机店由于没有按时偿还银行的贷款，银行已经申请法院对这批手机进行了查封。请问，这种情况下物价局还可以对燕子手机店的手机产品进行查封吗？

解 析

已经被法院查封的场所、设施或者财物，不可以被其他行政执法机关重复查封。根据我国《行政强制法》第二十三条第二款的规定，当事人的场所、设施或者财物已被其他国家机关依法查封的，不得重复查封。已经被查封的场所、设施或者财物，再对其进行重复查封，并不能起到强制执行的效果，故已经查封的财物，行政机关不可以重复查封。

法 条

《中华人民共和国价格法》

第十四条 经营者不得有下列不正当价格行为：

……

（二）在依法降价处理鲜活商品、季节性商品、积压商品等商品外，为了排挤竞争对手或者独占市场，以低于成本的价格倾销，扰乱正常的生产经营秩序，损害国家利益或者其他经营者的合法权益；

……

（八）法律、行政法规禁止的其他不正当价格行为。

第四十条 经营者有本法第十四条所列行为之一的，责令改正，没收违法所得，可以并处违法所得五倍以下的罚款；没有违法所得的，予以警告，可以并处罚款；情节严重的，责令停业整顿，或者由工商行政管理机关[1]吊销营业执照。有关法律对本法第十四条所列行为的处罚及处罚机关另有规定的，可

---

① 现为市场监督管理机关。

以依照有关法律的规定执行。

……

《中华人民共和国行政强制法》

第二十三条第二款 当事人的场所、设施或者财物已被其他国家机关依法查封的，不得重复查封。

13. 被扣押的财产灭失、毁损的，行政机关是否应当承担赔偿责任？

案 情

某市税务局对何某经营的健身房进行检查时，发现何某在去年有一部分税款没有缴纳，于是认定何某逃税，责令何某15日内补缴那部分税款，并处相应罚款。但是何某只是补缴了税款，没有缴纳罚款。经税务局催告后，何某仍然没有缴纳罚款，于是税务局扣押了健身房的健身设备。在扣押期间，税务局的工作人员在无聊的时候，就利用这些健身器材健身，因工作人员不小心，将一台跑步机损坏。请问，税务局应当对此承担赔偿责任吗？

解 析

根据我国《行政强制法》第二十六条第一款的规定，对查封、扣押的场所、设施或者财物，行政机关应当妥善保管，不得使用或者损毁；造成损失的，应当承担赔偿责任。在上述案例中，税务局将何某的健身器材进行扣押，应当按照规定妥善保管，避免出现损毁，而税务局的工作人员却私自使用健身器材，并造成了毁损，依据上述条文规定，税务局应当赔偿何某相应的损失。

法 条

《中华人民共和国行政强制法》

第二十六条 对查封、扣押的场所、设施或者财物，行政机关应当妥善保管，不得使用或者损毁；造成损失的，应当承担赔偿责任。

对查封的场所、设施或者财物，行政机关可以委托第三人保管，第三人不得损毁或者擅自转移、处置。因第三人的原因造成的损失，行政机关先行赔付后，有权向第三人追偿。

因查封、扣押发生的保管费用由行政机关承担。

14. 我国法律对行政机关强制拆除建筑物有哪些程序上的规定？

案 情

韩某想兴办驾校，于是购买了一处土地，修建训练场地。在场地修建完成后，该市的土地规划局称韩某购买的这块土地被省政府划入了修建高速公路的范围，要求韩某限期拆除并下达了《限期拆除决定书》。但是韩某并未按照土地规划局的决定将训练场所进行拆除，在法定的时期内既不申请行政复议，也不提起行政诉讼。土地规划局的工作人员多次与韩某协商，韩某都不同意将场地拆除，于是土地规划局决定对韩某修建的训练场所进行强制拆除。请问，我国法律对行政机关强制拆除建筑物有哪些程序上的规定？

解　析

根据我国《行政强制法》第四十四条的规定，对违法的建筑物、构筑物、设施等需要强制拆除的，应当由行政机关予以公告，限期当事人自行拆除。当事人在法定期限内不申请行政复议或者提起行政诉讼，又不拆除的，行政机关可以依法强制拆除。根据上述条文规定，土地规划局在对韩某的训练场地进行强制拆除时，应当首先予以公告，让韩某自行拆除。当韩某在法定期限内没有将训练场拆除，又不在法定期限内申请行政复议或提起行政诉讼时，行政机关可以依法予以强制拆除。

法　条

《中华人民共和国行政强制法》

第四十四条　对违法的建筑物、构筑物、设施等需要强制拆除的，应当由行政机关予以公告，限期当事人自行拆除。当事人在法定期限内不申请行政复议或者提起行政诉讼，又不拆除的，行政机关可以依法强制拆除。

15. 代履行具体指什么？行政机关进行代履行时应当遵守哪些规定？

案　情

某市道路管理局在对城市道路进行检查时，发现居民蔡某正在组织建筑队兴建房屋，准备兴建一处写字楼。但是蔡某指示建筑队将兴建房屋所用的水泥、石灰等随意堆放在道路上，对城市交通造成了不利影响。该市道路管理局遂对蔡某作出了行政处罚决定，要求蔡某立即将水泥、石灰等建筑材料转移到其他不妨碍道路的地方。但是，蔡某称没有其他地方可以放置，因此拒不执行道路管理局的决定。道路管理局告知蔡某如果不采取措施，行政机关将会依法进行代履行，并由蔡某本人支付代履行的费用。请问，代履行具体指什么？行政机关进行代履行时应当遵守哪些规定？

解　析

我国《行政强制法》第五十条、第五十一条、第五十二条对代履行作出了详细规定。行政机关依法作出要求当事人履行排除妨碍、恢复原状等义务的行政决定，当事人逾期不履行，经催告仍不履行，其后果已经或者将危害交通安全、造成环境污染或者破坏自然资源的，行政机关可以代履行，或者委托没有利害关系的第三人代履行。在本案中，道路管理局依法作出行政决定，要求蔡某采取措施将放置在道路上的建筑材料转移到其他地方去，但蔡某逾期不履行道路管理局的决定，经催告后仍然拒绝履行。依据《行政强制法》第五十条的规定，道路管理局可以依法代履行，或委托没有利害关系的第三人代履行。

道路管理局在实施代履行时，应当遵守该法第五十一条的规定，即“代履行应当在代履行前送达决定书，代履行决定书应当载明当事人的姓名或者名称、地址，代履行的理由和依据、方式和时间、标的、费用预算以及代履行人；代履行三日前，要催告当事人履行，当事人履行的，停止代履行；代履行时，作出决定的行政机关应当派员到场监督；代履行完毕，行政机关到场监督的工作人员、代履行人和当事人或者见证人应当在执行文书上签名或者盖章。代履行的费用按照成本合理确定，由当事人承担。但是，法律另有规定的除外。代履行不得采用暴力、胁迫以及其他非法方式”。

就本案而言，由于是道路管理局对蔡某作出了清理路障的决定，依据该法第五十二条之规定，需要立即清除道路、河道、航道或者公共场所的遗洒物、障碍物或者污染物，当事人不能清除的，行政机关可以决定立即实施代履行；当事人不在场的，行政机关应当在事后立即通知当事人，并依法作出处理。道路管理局可以立即实施代履行，待清理完成后再行通知蔡某并依法作出相应处理。

法　条

《中华人民共和国行政强制法》

第五十条　行政机关依法作出要求当事人履行排除妨碍、恢复原状等义务的行政决定，当事人逾期不履行，经催告仍不履行，其后果已经或者将危害交通安全、造成环境污染或者破坏自然资源的，行政机关可以代履行，或者委托没有利害关系的第三人代履行。

第五十一条　代履行应当遵守下列规定：

（一）代履行前送达决定书，代履行决定书应当载明当事人的姓名或者名称、地址，代履行的理由和依据、方式和时间、标的、费用预算以及代履行人；

（二）代履行三日前，催告当事人履行，当事人履行的，停止代履行；

（三）代履行时，作出决定的行政机关应当派员到场监督；

（四）代履行完毕，行政机关到场监督的工作人员、代履行人和当事人或者见证人应当在执行文书上签名或者盖章。

代履行的费用按照成本合理确定，由当事人承担。但是，法律另有规定的除外。

代履行不得采用暴力、胁迫以及其他非法方式。

第五十二条 需要立即清除道路、河道、航道或者公共场所的遗洒物、障碍物或者污染物，当事人不能清除的，行政机关可以决定立即实施代履行；当事人不在场的，行政机关应当在事后立即通知当事人，并依法作出处理。

第十二章

国家赔偿法

国家赔偿是指在国家机关及其工作人员行使职权侵犯公民、法人、其他组织的合法权益，造成损害时，受害人可以请求国家进行赔偿。国家赔偿旨在更好地保障公民、法人的人身、财产权利不受国家机关及其工作人员的非法侵犯。当然，对于何种行为应该赔偿、赔偿的期限、对责任人如何追究都要依照《国家赔偿法》的规定严格执行。国家赔偿，一方面，能够促使国家机关及其工作人员更好地行使职权，树立一个勇于承担责任，真正负责任的政府形象；另一方面，也能使受害者的合法权益得到维护。

1. 申请材料不齐全的，赔偿义务机关应该当场告知赔偿请求人需要补正的全部内容吗？

案 情

魏某大学毕业后，经过精心的准备考上了该市市场监管局，被分配到市场监管局内专管申请赔偿事项等部门工作。近日，该市场监管局行政工作人员在一次外出执法过程中，存在着违法责令杨某饭店停产停业的行为，造成杨某饭店损失2万元人民币。经过朋友的建议，杨某决定申请国家赔偿以维护自身的合法权益。于是，杨某携带材料到市场监管局申请国家赔偿，恰好是魏某接待了杨某。魏某作为市场监管局一名新参加工作的工作人员，他认真地检查了杨某所带的材料，发现杨某的申请材料不齐全，但是杨某确实符合申请赔偿的条件。魏某耐心地给杨某解释其材料不齐全的问题，以及其缺少的材料，并告知杨某待其材料补正齐全后，就会立刻为其申请国家赔偿。事后，与魏某一个办公室的一位老员工嫌弃魏某工作效率太慢，有用没用的都说，魏某也不知道自己对待杨某的做法正确与否。那么，依照我国相关法律的规定，魏某的做法正确吗？

解 析

赔偿义务机关是指国家机关和国家机关工作人员在实施行政行为过程中，因自己的不当行为侵犯公民、法人和其他组织合法权益，造成损害的，要履行赔偿义务的机关，一般情况下赔偿义务机关就是作出行政行为的机关。作为赔偿义务机关，在申请人进行赔偿请求申请时，赔偿义务机关应正确依法履行自身的责任和义务。根据《国家赔偿法》的规定，赔偿义务机关的一项重要义务，就是当赔偿请求人申请赔偿时携带的赔偿材料不齐全时，赔偿义务机关应当当场或者在五日内一次性告知赔偿请求人需要补正的全部内容。因此在本案中，魏某的做法是正确的。当杨某申请材料不齐全时，魏某应当当场一次性告知杨某需要补正的全部材料。如果有特殊情况，魏某也应当在五日内全部告知杨某。当魏某没有依法这样做时，属于行政不作为，杨某有可能会因此提起行政诉讼，这反而会给魏某和魏某所在的市场监管局带来不利影响。

法 条

《中华人民共和国国家赔偿法》

第十二条第四款 赔偿请求人当面递交申请书的，赔偿义务机关应当当场出具加盖本行政机关专用印章并注明收讫日期的书面凭证。申请材料不齐全的，赔偿义务机关应当当场或者在五日内一次性告知赔偿请求人需要补正的全部内容。

2. 赔偿义务机关作出的赔偿决定是否有期限限制？

案 情

孙某是某市法院的一名工作人员，近日其处理了一起因错案造成的国家赔偿。赔偿请求人为赵某，自法院宣布赵某无罪释放后，其于2020年5月5日开始向法院申请国家赔偿。孙某负责处理赵某的赔偿请求。孙某认为这件事情很棘手，于是一直拖着未办理。6月初孙某又被法院派去学习一个月，等孙某回来的时候，已经7月5日了，此时孙某才想起赵某申请的国家赔偿案件。过了一个星期后，孙某还是没有作出处理结果。而赵某得知孙某已经外出学习回来后就一直来法院询问该事情的进展，孙某一直支支吾吾，没有给予明确的答复。那么，孙某的做法正确吗？国家赔偿决定的作出是否有期限限制？

解　析

赔偿请求人申请国家赔偿后，赔偿义务机关作出赔偿决定是否有期限限制？答案是肯定的。我国《国家赔偿法》第十三条规定，赔偿义务机关应当自收到申请之日起两个月内，作出是否赔偿的决定。法律上对作出赔偿决定进行期限限制，是为了保护赔偿请求人的合法权益，使其申请的国家赔偿能够尽快得到解决。因此在本案中，孙某的做法是错误的。赔偿请求人赵某是在5月5日提出的赔偿请求，孙某应最迟在7月5日之前作出赔偿决定。可是两个月过去了，孙某并未作出赔偿与否的决定，很明显违反了相关法律的规定。在这种情况下，根据《国家赔偿法》第十四条的规定，赔偿义务机关在规定期限内未作出是否赔偿的决定，赔偿请求人可以自期限届满之日起三个月内，向人民法院提起诉讼。因此，赵某可以自赔偿期限届满之日起三个月内，向人民法院提起诉讼，以维护自身的合法权益。

法　条

《中华人民共和国国家赔偿法》

第十三条　赔偿义务机关应当自收到申请之日起两个月内，

作出是否赔偿的决定。赔偿义务机关作出赔偿决定，应当充分听取赔偿请求人的意见，并可以与赔偿请求人就赔偿方式、赔偿项目和赔偿数额依照本法第四章的规定进行协商。

赔偿义务机关决定赔偿的，应当制作赔偿决定书，并自作出决定之日起十日内送达赔偿请求人。

赔偿义务机关决定不予赔偿的，应当自作出决定之日起十日内书面通知赔偿请求人，并说明不予赔偿的理由。

第十四条第一款 赔偿义务机关在规定期限内未作出是否赔偿的决定，赔偿请求人可以自期限届满之日起三个月内，向人民法院提起诉讼。

3. 赔偿义务机关赔偿后，该如何处理具体的工作人员？

案 情

邓某是某市检察院的一名检察官，他在处理犯罪嫌疑人李某的刑事案件过程中，接触了李某案的受害人白某及其家属。白某及其亲属很是气愤，一口认定李某是该案的犯罪嫌疑人，想让李某蹲监狱。并且白某的家属私底下给邓某50万元人民币，希望邓某能够起诉李某，让李某被法院判刑。邓某收下钱后，开始办理此事。虽然该案的证据不足，但是邓某伪造了一些证据，对该案作出了起诉决定，将此案起诉到法院，并最终导致李某被判刑。李某在监狱的一年时间里，其家属不断申诉，此案被重审。在重审过程中，审理此案的法官发现此案疑点重重，证据不足，最终李某因证据不足，被无罪释放。后李某向该检察院申请了国家赔偿，检察院依照法律的规定对李某进行了国家赔偿。那么，在赔偿机关作出赔偿决定后，检察院应如何处置邓某？

解　析

国家机关作出赔偿决定，主要是由于国家工作人员的违法失职行为给公民、法人或者其他组织造成了损失，按照法律规定赔偿相应的受害人。如果国家机关在事后不处理相关的违法失职人员，不但会使这些公职人员知法犯法，还会因此损害国家形象和国家利益，因此国家机关需要对违法失职的工作人员作出处理。依照我国《国家赔偿法》的规定，工作人员在处理案件中有贪污受贿、徇私舞弊，枉法裁判行为的，赔偿义务机关赔偿后，应该向工作人员追偿部分或者全部赔偿费用，并依照规定给予处分；构成犯罪的，追究其刑事责任。依照上述相关法律规定，在本案中，邓某的行为属于受贿行为，因此该检察院在赔偿李某后，应当向邓某追偿部分或者全部赔偿费用。除此之外，还应依法对邓某给予处分，当然由于邓某的受贿行为已经触犯了刑法，构成了犯罪，所以检察院也应依法追究其刑事责任。

法　条

《中华人民共和国国家赔偿法》

第三十一条　赔偿义务机关赔偿后，应当向有下列情形之一的工作人员追偿部分或者全部赔偿费用：

（一）有本法第十七条第四项、第五项规定情形的；

（二）在处理案件中有贪污受贿，徇私舞弊，枉法裁判行为的。

对有前款规定情形的责任人员，有关机关应当依法给予处分；构成犯罪的，应当依法追究刑事责任。

4. 国家赔偿诉讼时效为多长时间？

案　情

吴某是公安局的一名工作人员。一天，其像往常一样在辖区内巡逻，突然听到有人喊抓贼，就立即跑过去查看，结果当时郑某正在现场，吴某误把郑某当作小偷抓捕。郑某感到很无辜，便想躲避吴某的抓捕，结果吴某在与郑某的争执过程中，一不小心将郑某打伤，郑某左腿骨折，被送往医院。在医院里，吴某经过与郑某沟通，得知误会一场，向郑某道歉。郑某在医院里接受了治疗，医生建议其在医院进行观察治疗。一个月过去了，郑某在医院花费了不少医药费，他认为该笔费用应该由公安局来负担。大概过了大半年，郑某与家人协商一致，决定向公安局申请国家赔偿。请问郑某是否过了申请国家赔偿的诉讼期限？

解　析

《国家赔偿法》第三十九条第一款规定："赔偿请求人请求国家赔偿的时效为两年，自其知道或者应当知道国家机关及其工作人员行使职权时的行为侵犯其人身权、财产权之日起计算，但被羁押等限制人身自由期间不计算在内。在申请行政复议或者提起行政诉讼时一并提出赔偿请求的，适用行政复议法、行政诉讼法有关时效的规定。"本案中，很明显公安局的工作人员吴某在日常巡逻过程中，将郑某误认为小偷，在抓捕郑某的过程中，使其左腿骨折，公安局应依法确认吴某的行为违法并给予郑某国家赔偿。郑某可以根据《国家赔偿法》第十三条的规定先向公安局提出赔偿申请，看看是不是能尽快完成赔偿事宜，当然其也可以在申请行政复议或提起行政诉讼时一并提出国家赔偿请求。而请求国家赔偿的时效为2年，自郑某知道国家机关及其工作人员在行使职权的过程中侵犯其人身权和财产权利之日起2年内，郑某都可以提起国家赔偿。

法　条

《中华人民共和国国家赔偿法》

第十三条　赔偿义务机关应当自收到申请之日起两个月内，作出是否赔偿的决定。赔偿义务机关作出赔偿决定，应当充分听取赔偿请求人的意见，并可以与赔偿请求人就赔偿方式、赔偿项目和赔偿数额依照本法第四章的规定进行协商。

赔偿义务机关决定赔偿的，应当制作赔偿决定书，并自作出决定之日起十日内送达赔偿请求人。

赔偿义务机关决定不予赔偿的，应当自作出决定之日起十日内书面通知赔偿请求人，并说明不予赔偿的理由。

第三十九条　赔偿请求人请求国家赔偿的时效为两年，自其知道或者应当知道国家机关及其工作人员行使职权时的行为侵犯其人身权、财产权之日起计算，但被羁押等限制人身自由期间不计算在内。在申请行政复议或者提起行政诉讼时一并提出赔偿请求的，适用行政复议法、行政诉讼法有关时效的规定。

赔偿请求人在赔偿请求时效的最后六个月内，因不可抗力或者其他障碍不能行使请求权的，时效中止。从中止时效的原因消除之日起，赔偿请求时效期间继续计算。

5. 任何错拘、错捕的行为，国家都需要承担赔偿责任吗？

案 情

李某是家里的独生子，自大学毕业后，就一直在家玩游戏，与朋友厮混，从未想过要出去找工作。一天，李某在家里玩游戏，其父亲和母亲下班回家后，李某没有理会他们二人，继续玩游戏，李某的父亲很是生气，教育了李某几句，李某反驳了父亲，李某的母亲也开始在旁边帮其父亲说话，两人一起教训李某，李某一气之下，摔门而出。晚上 11 点多，李某无处可去，恰好附近有一个派出所，李某进入派出所后，告诉派出所民警，自己曾经入户抢劫，现过来自首。值班民警高度重视此事，给李某录完笔录后，对李某进行了刑事拘留，在拘留所待了几天后，派出所经过调查，认为李某无入室抢劫行为，遂将李某放了。在这种情况下，李某可以申请国家赔偿吗？

解 析

根据《国家赔偿法》的规定，并不是任何错拘、错捕的行为，国家机关都要承担赔偿责任。《国家赔偿法》第十九条明确规定了国家不承担赔偿责任的情形，这其中包括因公民故意作虚伪陈述，或者伪造其他有罪证据被羁押或者被判处刑罚的行为；因公民故意自伤、自残行为造成的损害等。因为该类错误的发生，是当事人自身原因造成的，应由当事人自负其责。在本案中，李某离家出走后，因无处可去，遂在派出所内故意作虚伪陈述，陈述自己入室抢劫，被值班民警刑事拘留，从而被限制人身自由一段时间。但对于被限制人身自由的结果，是李某本身作虚假陈述引起的，与办案民警无关，办案民警只是依法执行公务而已，因此对于该段时间内造成的损失，李某无权向国家申请赔偿，国家也不承担任何赔偿责任。

法　条

《中华人民共和国国家赔偿法》

第十九条　属于下列情形之一的，国家不承担赔偿责任：

（一）因公民自己故意作虚伪供述，或者伪造其他有罪证据被羁押或者被判处刑罚的；

（二）依照刑法第十七条、第十八条规定不负刑事责任的人被羁押的；

（三）依照刑事诉讼法第十五条、第一百七十三条第二款、第二百七十三条第二款、第二百七十九条规定不追究刑事责任的人被羁押的；

（四）行使侦查、检察、审判职权的机关以及看守所、监狱管理机关的工作人员与行使职权无关的个人行为；

（五）因公民自伤、自残等故意行为致使损害发生的；

（六）法律规定的其他情形。

6. 市场监管局在执法中造成财产损失的，应当赔偿吗?

案情

某市场监管局的工作人员接到投诉电话，电话中称，该市魏某家饭店的油条，存在违规添加食品添加剂的行为，希望市场监管局的工作人员能过去检查一下。市场监管局立马派出工作人员孙某和刘某前去检查。孙某、刘某到达魏某的饭店后，依法将魏某饭店的油条取样，拿回市场监管局作检查，并责令魏某家饭店停产停业一个星期进行整顿，待结果下来后，再另行处理。就这样魏某家饭店停业了一个星期。一个星期过后，检查结果下来了，魏某家的油条内不存在任何违规添加食品添加剂的行为，属于健康食品。魏某认为，市场监管局的工作人员属于违规执法，自己家的饭店关闭一个星期，损失了1万多元，这些损失是由市场监管局的工作人员造成的，因此市场监管局应对其损失承担赔偿责任。那么，魏某的说法正确吗？魏某能否得到国家赔偿？

解析

在本案中，魏某的说法正确，市场监管局应该对魏某家饭店的损失进行赔偿。在司法实践当中，会出现一些侵犯公民的人身权利和财产权利的行政行为，为了保障公民的权益，国家制定了相应的赔偿制度。根据《国家赔偿法》第四条的规定，行政机关及其工作人员在行使行政职权时有造成财产损害的几种情形的，应该承担赔偿责任。其中一种情形为违法实施罚款、吊销许可证和执照、责令停产停业、没收财物等行政处罚行为，本案即属于该种情形。市场监管局工作人员刘某、孙某在没有调查清楚之前，就责令魏某的饭店停产停业。但事实证明，魏某家饭店的油条中，并不存在违规添加食品添加剂的行为，因此刘某、孙某责令魏某饭店停产停业的行为给其造成了经济损失，市场监管局应依法承担赔偿责任。

法　条

《中华人民共和国国家赔偿法》

第四条　行政机关及其工作人员在行使行政职权时有下列侵犯财产权情形之一的，受害人有取得赔偿的权利：

（一）违法实施罚款、吊销许可证和执照、责令停产停业、没收财物等行政处罚的；

（二）违法对财产采取查封、扣押、冻结等行政强制措施的；

（三）违反征收、征用财产的；

（四）造成财产损害的其他违法行为。

7. 警察违法使用武器，致他人受伤的，应怎么处理？

案　情

一次，某市火车站附近出现打群架的事件，该市公安局出警制止打架行为。执勤民警到达现场后，将涉事人员拉开，几名民警将他们全部带回公安局询问，吴警官和刘警官留在现场，收集证人证言。该群架发生时，恰好肖某路过此处，目睹了整个案发过程。吴警官找到肖某，希望肖某把当时的情景和具体细节描述一番，肖某不愿意提供证言，极不配合吴警官的工作，且态度恶劣。两人发生了争吵，争吵过程中，吴警官用随身携带的电棍将肖某打伤。肖某被送往医院进行治疗，在医院治疗了一个星期，住院期间花费了5000元。肖某认为其住院受伤都是由于吴警官的行为造成的，自己没有违法也没有犯罪，吴警官用电棍打伤自己的行为是违法的，应对其道歉，并对其进行赔偿。那么，肖某的说法正确吗？其是否能获得赔偿？

解　析

警察行使职权不当，造成他人损害的，应当赔偿。根据《国家赔偿法》第十七条的规定，行使侦查、检察、审判、监狱管理职权的机关及其工作人员在行使职权时，有侵犯人身权行为法定情形之一的，受害人有权获得赔偿。该侵犯人身权的行为包括违法使用武器、警械造成公民身体伤害或者死亡的情形。在该种情形下，受害人可以获得国家赔偿。在本案中，吴警官在对证人进行询问的过程中，应遵守相关法律，合法询问，但其却与证人肖某发生口角，并使用电棍将其打伤。吴警官的行为是违法行为，因此依照上述相关法律的规定，肖某可以依照《国家赔偿法》的相关规定申请国家赔偿，维护自身的合法权益。对于吴警官的个人违法行为，也应该受到公安机关内部的行政处分。

法　条

《中华人民共和国国家赔偿法》

第十七条　行使侦查、检察、审判职权的机关以及看守所、监狱管理机关及其工作人员在行使职权时有下列侵犯人身权情形之一的，受害人有取得赔偿的权利：

（一）违反刑事诉讼法的规定对公民采取拘留措施的，或者依照刑事诉讼法规定的条件和程序对公民采取拘留措施，但是拘留时间超过刑事诉讼法规定的时限，其后决定撤销案件、不起诉或者判决宣告无罪终止追究刑事责任的；

（二）对公民采取逮捕措施后，决定撤销案件、不起诉或者判决宣告无罪终止追究刑事责任的；

（三）依照审判监督程序再审改判无罪，原判刑罚已经执行的；

（四）刑讯逼供或者以殴打、虐待等行为或者唆使、放纵他人以殴打、虐待等行为造成公民身体伤害或者死亡的；

（五）违法使用武器、警械造成公民身体伤害或者死亡的。

8. 环保局错误责令钢厂停产停业，造成的损失是否应予赔偿？

案 情

某县的一家钢厂是该县城内比较有名的一家钢厂，该厂厂长对待钢厂认真负责，一直对该钢厂进行技术创新，不断引进国外先进技术对该钢厂进行节能改造，引进钢厂废气污染控制技术等以防止钢厂排放不合格的废气污染周围环境。有一天，该县环保局来该钢厂进行例行检查时，环保局的工作人员认为该钢厂排放的废气不达标，要求该钢厂进行停产停业整顿。后该钢厂厂长知道停产停业消息后，要求对停产停业决定进行复议。经过复议后，复议决定认为该钢厂排放的废气符合国家规定的标准，因此撤销了环保局作出的责令停产停业决定。但是，从停产停业的决定作出到撤销，总共7天，该钢厂也已经停产了7天。停产7天给该钢厂造成了巨大的损失。钢厂厂长认为是环保局工作失误才造成公司的巨大损失，环保局对此应该承担赔偿责任。那么，该厂长的说法正确吗？环保局是否应该对自身的错误承担赔偿责任？

解　析

我国《国家赔偿法》第三十六条第六项规定，吊销许可证和执照、责令停产停业，造成公民、法人和其他组织的财产权损失的，赔偿停产停业期间必要的经常性费用开支。依照上述规定，本案中钢厂厂长的说法是正确的。该环保局对该钢厂作出了错误的停产停业的处罚决定，给该厂造成了巨大的经济损失，因此依照《国家赔偿法》该环保局应依法赔偿给该钢厂停产停业期间的必要的经常性费用开支。

法　条

《中华人民共和国国家赔偿法》

第三十六条　侵犯公民、法人和其他组织的财产权造成损害的，按照下列规定处理：

……

（六）吊销许可证和执照、责令停产停业的，赔偿停产停业期间必要的经常性费用开支；

……

9. 市场监管局查封扣押过程中给相对人造成损失的，是否应该进行国家赔偿？

案 情

钱某夫妻二人经营着一家面粉厂，夫妻二人一直以来都守法诚信经营。最近几天，该厂引进了一台先进的设备，面粉生产速度也提了上去。一天，市场监管局的工作人员前来检查，在检查过程中，认为钱某家面粉厂生产的面粉中存在违规添加食品添加剂的情况，于是工作人员取样将面粉带回市场监管局进行化验，并将钱某夫妇新购进的机器进行查封扣押。在搬运机器的过程中，工作人员不小心将机器的零部件碰掉。后化验结果表明，钱某夫妇面粉厂生产的面粉无任何问题，遂解除查封扣押。钱某夫妇发现机器零部件损毁便请人维修机器，但由于该机器是从国外引进的，机器零部件十分昂贵，维护和购买零部件花了 3 万多元。钱某夫妇认为该损失是由市场监管局的错误执法行为造成的，该笔损失理应由市场监管局进行赔偿。那么请问，钱某夫妇的说法正确吗？

解 析

《国家赔偿法》第三十六条明确规定了当行政机关工作人员侵犯公民、法人、其他组织财产权造成损害的，应如何处理。其中该条第二项规定，查封、扣押、冻结财产的，解除对财产的查封、扣押、冻结，造成财产损坏或者灭失的，能够恢复原状的，恢复原状，不能恢复原状的，按照损害程度给付相应的赔偿金。应当返回的财产灭失的，给付相应的赔偿金。在本案当中，市场监管部门的违法行为，直接造成了面粉厂机器零部件的毁损，对于该笔损失的费用，应依照上述规定，由市场监管局进行赔付，即根据机器的损害程度给付相应的赔偿金。需要引起广大行政机关工作人员注意的是，在行政执法过程中，一定要依法执法，避免因自己的违法执法行为给公民、法人和其他组织造成不必要的损失。

法 条

《中华人民共和国国家赔偿法》

第三十六条 侵犯公民、法人和其他组织的财产权造成损害的，按照下列规定处理：

（一）处罚款、罚金、追缴、没收财产或者违法征收、征用财产的，返还财产；

（二）查封、扣押、冻结财产的，解除对财产的查封、扣押、冻结，造成财产损坏或者灭失的，依照本条第三项、第四项的规定赔偿；

（三）应当返还的财产损坏的，能够恢复原状的恢复原状，不能恢复原状的，按照损害程度给付相应的赔偿金；

（四）应当返还的财产灭失的，给付相应的赔偿金；

（五）财产已经拍卖或者变卖的，给付拍卖或者变卖所得的价款；变卖的价款明显低于财产价值的，应当支付相应的赔偿金；

（六）吊销许可证和执照、责令停产停业的，赔偿停产停业期间必要的经常性费用开支；

（七）返还执行的罚款或者罚金、追缴或者没收的金钱，解除冻结的存款或者汇款的，应当支付银行同期存款利息；

（八）对财产权造成其他损害的，按照直接损失给予赔偿。

10. 没收的财产已经被拍卖的，能否获得国家赔偿？

案　情

李某是一家箱包店的老板，一天，市场监管局的工作人员来该店进行检查，在检查的过程中，工作人员以李某店中的5个箱包不是真皮为由，将其没收。不管李某怎么解释，工作人员都强行将该箱包带走。李某认为自己店里经营的箱包都是真皮正品箱包，应通过法律途径维护自身的合法权益。李某申请了行政复议，行政复议决定撤销了该市场监管局的没收决定。当李某向市场监管局要回被没收的5个箱包时，市场监管局的工作人员告知李某，其被没收的5个箱包已经被拍卖了，无法收回。李某十分气愤，认为市场监管局的行为不合法，自己的5个真皮箱包价值5万多元人民币，就这样被拍卖了。在这种情况下，李某还可以通过什么途径维护自身的合法权益，他能够申请国家赔偿吗？

解　析

对行政机关及其工作人员违法没收财物的行政处罚决定不服，赔偿请求人要求赔偿的，既可以向赔偿义务机关提出，也可以在申请行政复议或提起行政诉讼时一并提出。对于没收的财产已经被行政机关拍卖的，《国家赔偿法》第三十六条第五项作出了明确的规定，即给付拍卖所得的价款，当拍卖的价款明显低于财产价值的，应支付相应的赔偿金。在本案中，市场监管局工作人员的没收行为本身是违法的，李某店里的箱包是真皮和正品，不应被工作人员查封没收甚至拍卖。所以依照《国家赔偿法》第三十六条第五项的规定，市场监管局工作人员应依法将拍卖所得的价款给予李某，李某认为拍卖所得的价款明显低于财产价值时，可以依此条规定，申请给付赔偿金，维护自身合法权益。

法条

《中华人民共和国国家赔偿法》

第三十六条 侵犯公民、法人和其他组织的财产权造成损害的，按照下列规定处理：

……

（五）财产已经拍卖或者变卖的，给付拍卖或者变卖所得的价款；变卖的价款明显低于财产价值的，应当支付相应的赔偿金；

……

11. 行政机关工作人员的个人行为侵犯公民合法权益的，国家承担赔偿责任吗？

案情

吴某从军校毕业后，被分配到该县的派出所，做了一名民警。一天下班后，吴某与朋友刘某相约来到一家台球馆打球，两人玩得十分尽兴。而当时郑某也与朋友相约来到该家台球馆打球。在双方打球的过程中，郑某不小心碰到了吴某，导致吴某输了球。吴某很是生气，随口骂了郑某两句，郑某回了几句，吴某便开始对郑某拳打脚踢，并说自己是一名警察，如果郑某敢还手，会被打得更严重。郑某一听吴某是警察，吓得不敢动弹，任凭吴某对其拳打脚踢。后吴某被朋友刘某拉走，郑某才被朋友送往医院救治。郑某在医院住了两个星期，花费了将近2万元。郑某的朋友告诉他，虽然吴某是警察，但是他打人的行为也是违法的，因此他可以向公安局进行索赔，以维护自身的合法权益。那么，郑某朋友的说法正确吗？郑某可以向公安局申请国家赔偿吗？

解　析

《国家赔偿法》第五条规定了国家机关不承担赔偿责任的情形。这些情形包括行政机关工作人员行使与职权无关的个人行为，因公民、法人和其他组织自己的行为致使损害的发生等，在这些情形下国家机关不承担赔偿责任。而本案恰好符合行政机关的工作人员行使与职权无关的个人行为这一情形，因此造成他人损失的，国家机关是不承担赔偿责任的。具体来说，吴某虽然是当地公安局派出所的一名民警，但是他打郑某的行为并不是因为行使职权的需要，完全是个人之间的私事，对此依照《国家赔偿法》的相关规定，公安局是不承担国家赔偿责任的。郑某作为受害人，其可以通过其他途径维护自身的合法权益，如可以直接向人民法院提起民事诉讼，请求吴某承担赔偿责任；或者向公安局报案，进入刑事诉讼程序。

法 条

《中华人民共和国国家赔偿法》

第五条 属于下列情形之一的，国家不承担赔偿责任：

（一）行政机关工作人员与行使职权无关的个人行为；

（二）因公民、法人和其他组织自己的行为致使损害发生的；

（三）法律规定的其他情形。

第十三章

纪检监察

国家机关工作人员和任职的党员干部是掌握国家权力并为人民服务的群体，有权必有责，用权受监督，一旦对其监管不到位，很有可能出现危害社会公共利益和群众合法权益的现象。只有权力的行使而没有义务的制约，是无法推动社会进步的，如何制约触犯国家法律和党纪的工作人员，是值得我们研究的。普通民众应提高自己的法律素养，在与公权力机关打交道时，能更加合理合法地表达心中的诉求，同时也应加强对国家工作人员的监督力度，发现其存在违法行为时要敢于举报，维护自身合法权益。

1. 对于党员的纪律处分包括哪些?

案 情

张某是某县政府水利部门的副局长，也是一名党员干部。王某与张某乃同乡，王某的父亲于去年因车祸去世，其母亲虽然没有工作，但是在县城有两处房产并且每年有可观的房租收入。王某希望能为母亲办理“低保户”，后咨询民政局得知其母亲不符合低保户的条件。王某主动联系到张某，希望张某能够为其母亲办理最低生活保障待遇。张某念王某为同乡，联系到了民政局相关负责人，随后王某的母亲成功得到了最低生活保障待遇。后来张某被他人举报，并被给予警告处分。那么对于党员的纪律处分包括哪些呢?

解 析

对党员的纪律处分包括以下内容：（1）警告和严重警告。党员受到警告或者严重警告处分，一年内不得在党内提升职务和向党外组织推荐担任高于其原任职务的党外职务。（2）撤销党内职务。撤销党内职务处分，是指撤销受处分党员由党内选举或者组织任命的党内各种职务。党员受到撤销党内职务处分，二年内不得在党内担任和向党外组织推荐担任与其原任职务相当或者高于其原任职务的职务。（3）留党察看。留党察看处分，分为留党察看一年、留党察看二年。党员受留党察看处分期间，没有表决权、选举权和被选举权。（4）开除党籍。党员受到开除党籍处分，五年内不得重新入党。另有规定不准重新入党的，依照规定。本案中，张某利用其社会关系，通过不正当手段使不符合享受低保待遇的王某的母亲享受到了最低生活保障待遇，属于《中国共产党纪律处分条例》中应当受到处分的情形，根据第八条的规定，可以对其给予警告的处分。

法　条

《中国共产党纪律处分条例》

第八条　对党员的纪律处分种类：

（一）警告；

（二）严重警告；

（三）撤销党内职务；

（四）留党察看；

（五）开除党籍。

2. 党员在哪些情况下会被开除党籍？

案　情

宋某是某县教育局科员，因在单位表现优秀，于2013年发展成为一名党员。后来因工作原因，宋某结识了青年女教师马某，两人不久便产生了婚外情。不久前，马某的丈夫小王无意间翻开了马某遗留在家中的手机，在微信聊天记录中，发现了马某与宋某非常暧昧的对话内容。小王得知两人有不正当关系后非常气愤，并在某日得知两人将在某酒店约会，遂前往该酒店找宋某理论，宋某气急败坏地与小王发生了争吵，并拿起桌子上的烟灰缸砸向小王，后经司法鉴定为重伤。该县法院经过审理认定宋某构成故意伤害罪，判处有期徒刑三年。该县教育局的党组织召开会议决定开除宋某的党籍。那么。党员在什么情况下会被开除党籍呢？

解　析

中国共产党纪律严明，中共党员队伍严格惩治严重败坏其形象的党员，根据《中国共产党纪律处分条例》的规定，有下列情形之一的，应当给予开除党籍处分：（1）因故意犯罪被依法判处刑法规定的主刑（含宣告缓刑）的；（2）被单处或者附加剥夺政治权利的；（3）因过失犯罪，被依法判处三年以上（不含三年）有期徒刑的。此外，因过失犯罪被判处三年以下（含三年）有期徒刑或者被判处管制、拘役的，一般应当开除党籍。对于个别可以不开除党籍的，应当对照处分党员批准权限的规定，报请再上一级党组织批准。本案中，宋某身为党员，因犯故意伤害罪被判处有期徒刑三年，依据《中国共产党纪律处分条例》的规定，应当受到开除党籍的处分。

法　条

《中国共产党纪律处分条例》

第三十二条　党员犯罪，有下列情形之一的，应当给予开除党籍处分：

（一）因故意犯罪被依法判处刑法规定的主刑（含宣告缓刑）的；

（二）被单处或者附加剥夺政治权利的；

（三）因过失犯罪，被依法判处三年以上（不含三年）有期徒刑的。

因过失犯罪被判处三年以下（含三年）有期徒刑或者被判处管制、拘役的，一般应当开除党籍。对于个别可以不开除党籍的，应当对照处分党员批准权限的规定，报请再上一级党组织批准。

3. 如何区分有关责任人员的违纪行为？

案 情

某县为了发展区域经济，拉动就业率，通过招商引资政策在县城东郊成功引进了一批鞋服生产厂。该批工厂解决了当地几千人的就业问题，并且拉动了当地经济的增长，县政府更是给予其相当大的优惠政策。某天晚上，该区域的一家服装厂发生火灾，导致十几名工人死亡，经济损失达到几百万元。后经过调查，发现由于相关部门平时疏于监管，该厂存在严重的安全隐患。该县的安全生产监督管理局局长被认定为直接责任人，该县的县委书记对此次火灾负有重要的领导责任，该县的县长以及分管该部门的副县长没有尽到检查职责，被认定为对事故负有主要的领导责任。那么，关于责任人员的违纪行为应当如何进行区分呢？

解　析

依据《中国共产党纪律处分条例》的规定，违纪行为有关责任人员区分为：(1) 直接责任者，是指在其职责范围内，不履行或者不正确履行自己的职责，对造成的损失或者后果起决定性作用的党员或者党员领导干部；(2) 主要领导责任者，是指在其职责范围内，对直接主管的工作不履行或者不正确履行职责，对造成的损失或者后果负直接领导责任的党员领导干部；(3) 重要领导责任者，是指在其职责范围内，对应管的工作或者参与决定的工作不履行或者不正确履行职责，对造成的损失或者后果负次要领导责任的党员领导干部。本案中，该县的安全生产监督管理局局长在其职责范围内，不履行或者不正确履行自己的职责，属于直接责任者。该县的县委书记在其职责范围内，对应管的工作或者参与决定的工作不履行或者不正确履行职责，属于重要领导责任者。该县的县长以及分管该部门的副县长对应管的工作或者参与决定的工作不履行或者不正确履行职责，属于主要领导责任者。

法　条

《中国共产党纪律处分条例》

第三十七条第一款　违纪行为有关责任人员的区分：

（一）直接责任者，是指在其职责范围内，不履行或者不正确履行自己的职责，对造成的损失或者后果起决定性作用的党员或者党员领导干部。

（二）主要领导责任者，是指在其职责范围内，对直接主管的工作不履行或者不正确履行职责，对造成的损失或者后果负直接领导责任的党员领导干部。

（三）重要领导责任者，是指在其职责范围内，对应管的工作或者参与决定的工作不履行或者不正确履行职责，对造成的损失或者后果负次要领导责任的党员领导干部。

……

4. 监察机关对哪些公职人员和有关人员进行监察？

案情

尤某是一名中共党员，任某村党支部书记兼村委会主任。2020年10月，因修建高速公路，该村部分耕地被征用，其中征地补偿款27万余元，但是农户们都没有收到该笔补偿款。后经群众举报，该县纪委监委对该村土地征收问题进行调查。调查结果为该村党支部书记兼村委会主任尤某在协助有关部门对耕地征用补偿工作中，未将耕地补偿款计入村委会的账务，更没有将补偿款发放给农户，而是直接进入了尤某自己的腰包。另外还查明，尤某贪污公共财物80余万元。在调查过程中，尤某认为自己只是村里的一名普通工作人员，不属于监察机关监察的对象。那么，请问尤某的说法有没有依据？

解析

深化国家监察体制改革，构建集中统一、权威高效的国家监察体系，实现对所有行使公权力的公职人员监察全覆盖，对于夺取反腐败斗争压倒性胜利具有重大意义，必将推动全面从严治党向纵深发展。监察对象的范围，是所有行使公权力的公职人员。公职人员在国家的经济、政治和社会生活中行使公共职权、履行公共职责等。判断一个人是不是公职人员，关键看他是不是行使公权力、履行公务，而不是看他是否有公职。

我国《监察法》第十五条规定的监察范围实现了对所有行使公权力的公职人员监察全覆盖。因此，无论是公务员、参公管理人员，还是国有企事业单位中从事管理的人员，凡是依法履行公职的人员，都要受到监察机关的监察。本案中，尤某是村党支部书记兼村委会主任，属于基层群众性自治组织中从事管理的人员，因此，其应受到监察机关的监察。

法 条

《中华人民共和国监察法》

第十五条 监察机关对下列公职人员和有关人员进行监察：

（一）中国共产党机关、人民代表大会及其常务委员会机关、人民政府、监察委员会、人民法院、人民检察院、中国人民政治协商会议各级委员会机关、民主党派机关和工商业联合会机关的公务员，以及参照《中华人民共和国公务员法》管理的人员；

（二）法律、法规授权或者受国家机关依法委托管理公共事务的组织中从事公务的人员；

（三）国有企业管理人员；

（四）公办的教育、科研、文化、医疗卫生、体育等单位中从事管理的人员；

（五）基层群众性自治组织中从事管理的人员；

（六）其他依法履行公职的人员。

5. 不如实向监察机关说明情况的后果是什么？

案 情

龙某为某区城管局的一名普通公务员。2020年11月，该区纪委监委收到一封举报信。举报信称龙某经常与单位的领导同事一起赌博，还经常到澳门赌博。信中并没有提供相关人员的详实信息，但言辞激烈，要求纪委监委彻查龙某违反纪律的问题。区纪委监委调查组在完成外围情况调查后，决定向龙某本人进一步了解情况。在找到龙某谈话了解情况之初，龙某坚决否认自己有赌博行为，还声称自己从未去过澳门，大呼冤枉，称自己遭人诬陷，是无辜的受害者。那么，如果龙某确有其事，不如实向监察机关说明情况的，后果是什么？

解 析

综观近几年来的贪污腐败案件，很多落马的公职人员都存在违反政治纪律，对党不忠诚不老实，规避组织审查调查的问题。面对组织的调查谈话，一些党员干部有所顾虑，支支吾吾、含含糊糊，不如实回答问题，该讲的不讲清楚、不讲明白，把原本不是问题的问题变成了问题。

我国《监察法》规定，监察机关行使监督、调查职权时，有关单位和个人应当如实提供情况和相关证据。如果有关人员具有拒绝和阻碍调查、不如实说明情况或提供虚假材料等行为的，将由其所在单位、主管部门、上级机关或者监察机关责令改正，依法给予处理。本案中的龙某，在组织上找其了解情况时，如果确实存在被举报的行为而选择坚持隐瞒的，应受到相应的处理。

法　条

《中华人民共和国监察法》

第十八条　监察机关行使监督、调查职权，有权依法向有关单位和个人了解情况，收集、调取证据。有关单位和个人应当如实提供。

监察机关及其工作人员对监督、调查过程中知悉的国家秘密、商业秘密、个人隐私，应当保密。

任何单位和个人不得伪造、隐匿或者毁灭证据。

第六十三条　有关人员违反本法规定，有下列行为之一的，由其所在单位、主管部门、上级机关或者监察机关责令改正，依法给予处理：

（一）不按要求提供有关材料，拒绝、阻碍调查措施实施等拒不配合监察机关调查的；

（二）提供虚假情况，掩盖事实真相的；

（三）串供或者伪造、隐匿、毁灭证据的；

（四）阻止他人揭发检举、提供证据的；

（五）其他违反本法规定的行为，情节严重的。

6. 监察机关采取留置措施的适用情形有哪些?

案 情

周某是某县水利局副局长。2017 年到 2019 年，周某利用职务便利，帮助某企业中标市政水利工程项目，并收受该企业贿赂 300 万元人民币，全部用于个人花销。此外，周某在工作期间，多次收受企业老板节日红包礼金累计 500 万余元。今年，正好赶上县里进行干部作风整顿，处理了不少违纪干部。一天，周某也被群众举报。他感到非常害怕，担心自己的腐败行为暴露，准备在办公室服药自杀。恰巧，早已掌握了周某违纪违法初步证据的县纪委监委工作人员在周某服药时赶到现场。之后，经县纪委监委依法审批，周某被留置在特定场所。周某的家属认为不应当留置周某，双方因此发生分歧。请问监察机关采取留置措施的适用情形有哪些呢?

解 析

监察委员会的设立，相当于在国家的行政机关、司法机关之外，另外设置了监察权力。监察机关有权采取留置措施，并非为了限制公民人身自由，而是让当事人在规定时间说明事实情况。换句话说，“留置”是为了查清情况，取得相应证据，为司法机关提起公诉打下坚实的法律基础，这是行使监察权力的具体体现。

我国《监察法》第二十二条明确规定了监察机关行使留置

措施的情形和程序。根据该规定，如果当事人涉嫌贪污贿赂、失职渎职等严重职务违法或者职务犯罪，或者系职务违法犯罪共犯的，监察机关已经掌握其部分违法犯罪事实及证据，仍需要进一步调查，而涉及案情重大复杂，或者涉案人员存在可能自杀、逃跑、串供、破坏证据等妨碍调查的行为的，监察机关在履行审批手续后可以依法行使留置措施，确保涉案人员配合调查。本案中，周某涉嫌受贿罪，而且周某担心自己的腐败行为暴露后准备自杀，符合《监察法》第二十二条第一款第二项的情形。因此，该县纪委监委有权对周某作出留置决定。

法　条

《中华人民共和国监察法》

第二十二条　被调查人涉嫌贪污贿赂、失职渎职等严重职务违法或者职务犯罪，监察机关已经掌握其部分违法犯罪事实及证据，仍有重要问题需要进一步调查，并有下列情形之一的，经监察机关依法审批，可以将其留置在特定场所：

（一）涉及案情重大、复杂的；

（二）可能逃跑、自杀的；

（三）可能串供或者伪造、隐匿、毁灭证据的；

（四）可能有其他妨碍调查行为的。

对涉嫌行贿犯罪或者共同职务犯罪的涉案人员，监察机关可以依照前款规定采取留置措施。

留置场所的设置、管理和监督依照国家有关规定执行。

7. 监察人员在哪些情形下应当回避?

案 情

2020年10月，某乡财政所会计曹某擅自驾驶单位公车回老家过年，后又驾驶该车到某县商务宾馆洗浴。在商务宾馆门口，曹某遇到了大学同学袁某。袁某在知晓曹某公车私用后便向该县纪委监委进行了检举。该县纪委监委收到袁某的检举后，决定由监察人员黄某、徐某负责调查。检举人袁某在得知黄某是曹某的外甥后，认为黄某与曹某有亲属关系，有可能影响监察事项公正处理，便向该县纪委监委反映要求黄某回避。经查实后，该县纪委监委撤回了对黄某的指派，并另行指派了监察人员蓝某，由蓝某与徐某负责调查。请问，监察人员在哪些情形下应当回避呢?

解 析

监察人员回避的目的就是确保监察工作客观、公正、合法，树立监察机关公正执法的良好形象。监察人员能够及时回避可以确保案件得到公正的调查，建立良好的监察环境，并且可以很大程度上杜绝腐败。因此，回避制度的意义十分重大。

我国《监察法》第五十八条规定了回避的类型和情形。回避的类型有自行回避和申请回避两种。回避的情形有：(1) 是监察对象或者检举人的近亲属的；(2) 担任过本案的证人的；(3) 本人或者其近亲属与办理的监察事项有利害关系的；(4) 有可能影响监察事项公正处理的其他情形的。此外，需要注意的是，适用回避制度的监察人员主要是指调查人员，但线索处置、日常监督、审理等各部门人员如果存在可能影响相关工作等情形的，也应当予以回避。监察人员回避后，不得参加有关调查、讨论、决定，也不得以任何形式施加影响。

在上面的案例中，县纪委监委指派的监察人员之一黄某，系本案监察对象曹某的外甥，属于《监察法》第五十八条规定的回避情形之一，应当予以回避。

法　条

《中华人民共和国监察法》

第五十八条　办理监察事项的监察人员有下列情形之一的，应当自行回避，监察对象、检举人及其他有关人员也有权要求其回避：

（一）是监察对象或者检举人的近亲属的；

（二）担任过本案的证人的；

（三）本人或者其近亲属与办理的监察事项有利害关系的；

（四）有可能影响监察事项公正处理的其他情形的。

第十四章

违法犯罪

违法行为是指违反法律、行政法规、规章等规定的行为。违法行为按其性质和危害程度的不同，可以分为民事违法行为、刑事违法行为、行政违法行为。在这三种违法行为中，刑事违法行为是最为严重的，即我们通常所说的犯罪行为。我国刑法明确规定了各种犯罪行为，以及刑罚的种类，法律明文规定为犯罪行为的，依照法律定罪处刑；法律没有明文规定为犯罪行为的，不得定罪处刑，这就是所谓的罪刑法定。在判断犯罪嫌疑人是否构成指控罪名时，需要了解被指控罪名的构成要件，判断犯罪嫌疑人的行为是否与法律规定相符合；当其有罪时，根据犯罪分子的犯罪情节对其进行量刑，无罪时不对其进行处罚。

1. 刑法上“剥夺政治权利”的含义是什么？

案　情

李某是个性格内向的人，在国家重要的机密部门上班。一天李某上网聊天，无意中认识杜某，两人聊得很开心。杜某时常请李某外出吃饭，带李某去各种高档的地方玩。李某认为杜某够义气，也十分羡慕杜某这种有钱人的生活。一次两人外出吃饭，杜某告知李某只要李某把其单位的一份机密情报拿出来，就可以给李某 100 万元。李某为之心动，一次下班后他趁同事不在，将该份情报拿出并给了杜某，杜某依约给了李某 100 万元。不久该事情败露，李某将机密情报给杜某的行为给国家造成了巨大的经济损失，人民检察院依法对李某审查起诉，法院认定该案事实清楚、证据充分，判处李某窃取国家机密罪，处五年有期徒刑，并处剥夺政治权利。那么，此处“剥夺政治权利”的含义是什么呢？

解　析

我国《刑法》规定了五种主刑和三种附加刑，三种附加刑包括罚金、剥夺政治权利以及没收财产。剥夺政治权利，顾名思义，就是限制政治权利的行使。限制的政治权利包括选举权及被选举权，言论、出版、集会、结社自由的权利，担任国家机关职务、担任国有企业职务等权利。上述所提及的这些政治权利，是宪法赋予每个公民基本的政治权利，将这些权利予以剥夺，显然对于被告人来说是一种惩罚性的措施。

法　条

《中华人民共和国刑法》

第五十四条　剥夺政治权利是剥夺下列权利：

（一）选举权和被选举权；

（二）言论、出版、集会、结社、游行、示威自由的权利；

（三）担任国家机关职务的权利；

（四）担任国有公司、企业、事业单位和人民团体领导职务的权利。

第五十五条　剥夺政治权利的期限，除本法第五十七条规定外，为一年以上五年以下。

判处管制附加剥夺政治权利的，剥夺政治权利的期限与管制的期限相等，同时执行。

第五十六条　对于危害国家安全的犯罪分子应当附加剥夺政治权利；对于故意杀人、强奸、放火、爆炸、投毒、抢劫等严重破坏社会秩序的犯罪分子，可以附加剥夺政治权利。

独立适用剥夺政治权利的，依照本法分则的规定。

第五十七条　对于被判处死刑、无期徒刑的犯罪分子，应当剥夺政治权利终身。

在死刑缓期执行减为有期徒刑或者无期徒刑减为有期徒刑的时候，应当把附加剥夺政治权利的期限改为三年以上十年以下。

第五十八条　附加剥夺政治权利的刑期，从徒刑、拘役执行完毕之日或者从假释之日起计算；剥夺政治权利的效力当然施用于主刑执行期间。

被剥夺政治权利的犯罪分子，在执行期间，应当遵守法律、行政法规和国务院公安部门有关监督管理的规定，服从监督；不得行使本法第五十四条规定的各项权利。

2. 接受了别人的钱财，却没有为他人谋取利益的，构成受贿罪吗?

案　情

刘某是某基层法院民庭庭长，该法庭目前正在审理一起案件，是当地的一家包装厂和其工人之间的劳动纠纷案件。该厂厂长认为，如果该起官司输了，包装厂在当地的声誉就会变差，生意肯定也会受到影响。于是该厂厂长找到了刘某，希望刘某帮忙，判该厂胜诉，该厂厂长以 20 万元作为报酬。刘某收了钱，答应了厂长的请求。在案件审理阶段，刘某几次想插手该案件，但是均被主审该案件的法官以各种理由拒绝了，使得刘某根本无法接触该案件，主审法官依法作出了该厂败诉的判决，刘某最终未能为该厂争取到利益。事后，刘某收取该厂厂长钱财的行为败露，要依法追究其责任，刘某辩称虽然其收受了厂长的钱财，但是并没有为其谋取到实质利益，因此不构成受贿罪。在本案中，民庭庭长刘某的行为是否构成受贿罪?

解　析

在本案中，刘某收受了包装厂厂长钱财，即使没有为其谋取到实质利益，刘某的行为也构成了受贿罪。根据《刑法》第三百八十五条第一款规定，国家工作人员利用职务上的便利，索取他人财物，或者非法收受他人财物，为他人谋取利益的，是受贿罪。需要注意的是，对于被动收受财物的行为，必须要有为他人谋取利益这一条件，但是为他人谋取利益不代表为他人谋到了利益，只要答应为他人谋取利益就成立受贿罪。因此在本案中，刘某收受厂长的财物，并答应为其办事，至于答应的事办没办成，有没有为厂长谋取到切实的利益，不影响受贿罪的成立。所以本案中刘某的行为构成受贿罪，依法会被追究刑事责任。

法 条

《中华人民共和国刑法》

第三百八十五条 国家工作人员利用职务上的便利，索取他人财物的，或者非法收受他人财物，为他人谋取利益的，是受贿罪。

国家工作人员在经济往来中，违反国家规定，收受各种名义的回扣、手续费，归个人所有的，以受贿论处。

3. 公职人员拥有巨额财产却说不清该财产来源的，能否构成巨额财产来源不明罪?

案 情

杨某是某农业局的副局长，主管该县的农业工作，杨某已经在该农业局工作十多年了。最近一个月里，该县接到匿名举报，举报杨某贪污受贿。后该县监察委对杨某进行了调查。经过半个多月的调查，该县监察委办案人员发现杨某的名下有一亿元人民币，四套房产。办案人员认为，仅凭杨某的工资收入，不可能存有这么多钱，于是办案人员要求杨某说清钱财的来源情况，但杨某支支吾吾无法说清钱款的来源，只是一直强调，该笔财产来源合法。后办案人员经过几番查证，也无法证明杨某存在贪污受贿行为，便以巨额财产来源不明罪移送检察院提起公诉。那么，该县检察院以巨额财产来源不明罪起诉杨某的做法正确吗？

解　析

在本案中，杨某的行为构成巨额财产来源不明罪。根据《刑法》第三百九十五条第一款规定，国家工作人员的财产或者支出明显超过合法收入，差额巨大，经司法机关责令其说明来源而本人不能说明来源是合法的，差额部分以非法所得论。刑法上规定此罪的目的是，在实践中，国家工作人员的受贿行为通常具有隐蔽性，有时侦查人员在证明其贪污受贿行为时，存在着一定的举证困难，刑法为了规制此种行为，规定犯罪嫌疑人存在此种行为时，便以巨额财产来源不明罪定罪处罚。当然，如果能够查明是贪污或受贿所得，则构成贪污罪或受贿罪，不再定此罪。本案杨某作为一名农业局副局长，其财产明显超过合法收入，又拒不说明合法来源，因此该县检察院应该以巨额财产来源不明罪对其起诉。

法　条

《中华人民共和国刑法》

第三百九十五条第一款　国家工作人员的财产、支出明显超过合法收入，差额巨大的，可以责令该国家工作人员说明来源，不能说明来源的，差额部分以非法所得论，处五年以下有期徒刑或者拘役；差额特别巨大的，处五年以上十年以下有期徒刑。财产的差额部分予以追缴。

4. 检察官对有罪者进行包庇，使其不受追究的行为构成何罪？

案 情

邓某是某地方检察院的检察官，一次其接到一起贪污受贿案件，案件事实清楚、证据确实充分，依法应对犯罪嫌疑人提起诉讼。在邓某准备起诉的过程中，该犯罪嫌疑人的家属找到邓某，希望邓某想办法对该犯罪嫌疑人不起诉，犯罪嫌疑人的家属给邓某 20 万元作为报酬。邓某虽有迟疑但还是答应了犯罪嫌疑人家属的请求。随后，邓某将监察机关移送的证明该犯罪嫌疑人犯罪的主要证据隐藏起来，并以证据不足、事实不清为由作出了不起诉的决定，使得犯罪嫌疑人逃过了法院审判环节，也未能对其依法定罪。随后该检察院的其他检察官在审查此案时，发现了问题，领导找邓某谈话，邓某迫于压力，交代了事情的来龙去脉。在本案中，邓某作为一名检察官，对有罪者进行包庇，使其不受追究的行为构成犯罪吗？

解 析

徇私枉法罪的犯罪主体是司法工作人员，即公检法工作人员。徇私枉法罪主要有三种表现形式：一是使无罪的人受到追究，即对没有实施犯罪行为的人进行立案侦查、提起公诉、使其受到审判等。二是对有罪者进行包庇使其不受追究，即对有罪的人该立案的不立案，该起诉的不起诉，该审理的不审理等。三是在审理中违背事实和法律作枉法裁判，即将无罪者判为有罪，罪轻者判罪重，有罪者判无罪，罪重者判罪轻。而邓某是某检察院的一名检察官，属于国家司法机关的工作人员，并且本案存在第二种情形，邓某对犯罪嫌疑人进行包庇使其不受追究，即对有罪者该起诉不起诉，因此邓某的行为构成了徇私枉法罪。同时根据我国《刑法》规定，司法工作人员贪赃枉法，又构成受贿罪的，依照处罚较重的规定定罪处罚。由于在本案中，邓某受贿罪的数额较大，应处十年以上有期徒刑或者无期徒刑，因此受贿罪的处罚高于徇私枉法罪，所以在本案中对邓某应以受贿罪定罪处罚。

法　条

《中华人民共和国刑法》

第三百八十三条第一款　对犯贪污罪的，根据情节轻重，分别依照下列规定处罚：

（一）贪污数额较大或者有其他较重情节的，处三年以下有期徒刑或者拘役，并处罚金。

（二）贪污数额巨大或者有其他严重情节的，处三年以上十年以下有期徒刑，并处罚金或者没收财产。

（三）贪污数额特别巨大或者有其他特别严重情节的，处十年以上有期徒刑或者无期徒刑，并处罚金或者没收财产；数额特别巨大，并使国家和人民利益遭受特别重大损失的，处无期徒刑或者死刑，并处没收财产。

……

第三百八十五条　国家工作人员利用职务上的便利，索取他人财物的，或者非法收受他人财物，为他人谋取利益的，是受贿罪。

国家工作人员在经济往来中，违反国家规定，收受各种名义的回扣、手续费，归个人所有的，以受贿论处。

第三百八十六条 对犯受贿罪的，根据受贿所得数额及情节，依照本法第三百八十三条的规定处罚。索贿的从重处罚。

第三百九十九条第一款 司法工作人员徇私枉法、徇情枉法，对明知是无罪的人而使他受追诉、对明知是有罪的人而故意包庇不使他受追诉，或者在刑事审判活动中故意违背事实和法律作枉法裁判的，处五年以下有期徒刑或者拘役；情节严重的，处五年以上十年以下有期徒刑；情节特别严重的，处十年以上有期徒刑。

第四款 司法工作人员收受贿赂，有前三款行为的，同时又构成本法第三百八十五条规定之罪的，依照处罚较重的规定定罪处罚。

5. 非国家工作人员伙同国家工作人员一同贪污的，构成何罪？

案情

魏某是该市政府的工作人员，该市政府的办公大楼年久失修，经过上级部门批准，该市政府准备重新装修政府办公大楼，魏某为该项工作的负责人。李某是一家建筑施工单位负责人，得知该市政府要重新装修，且魏某为该项工程的负责人，便托人找到魏某，希望魏某能委托李某的建筑施工单位承包该项工程，并承诺得到的利润和魏某五五分成，魏某答应了李某的请求。李某在做工程预算的过程中，经与魏某商量，把工程预算多报了50万元，事后该工程如期装修完毕后，恰好工程款项剩余50万元。李某依约将剩余的工程款项五五分成，每人各取得25万元的好处费。政府财政部门的工作人员在审核该项工程款时，发现了该问题，并向有关部门检举揭发了魏某，魏某面临着贪污罪的指控。李某感到害怕，不知自己是否也会构成贪污罪？

解　析

贪污罪是指国家工作人员或受委托管理国有财产的人员利用职务上的便利，以侵吞、窃取、骗取等手段占有公共财物的行为。利用职务之便是指利用自己主管，管理，经手公共财物的权力和地位形成的便利条件。贪污罪的犯罪主体一般是国家工作人员，即只有具有国家公职身份的人才能构成此罪。但是根据《最高人民法院关于审理贪污、职务案件如何认定共同犯罪几个问题的解释》，对那些与国家工作人员勾结，为贪污出谋策划，帮助国家工作人员侵吞窃取公共财物的非国家机关工作人员，应该以贪污罪的共犯论处。因此依照上述的解析，魏某作为国家工作人员，侵占国家财产的行为构成贪污罪。而本案中的李某虽不是国家工作人员，但是却与国家工作人员魏某相互勾结，利用魏某职务上的便利，帮助魏某实施侵占国家财产的行为，应以贪污罪的共犯论处。

法　条

《中华人民共和国刑法》

第三百八十二条　国家工作人员利用职务上的便利，侵吞、窃取、骗取或者以其他手段非法占有公共财物的，是贪污罪。

……

与前两款所列人员勾结，伙同贪污的，以共犯论处。

《最高人民法院关于审理贪污、职务侵占案件如何认定共同犯罪几个问题的解释》

第一条 行为人与国家工作人员勾结，利用国家工作人员的职务便利，共同侵吞、窃取、骗取或者以其他手段非法占有公共财物的，以贪污罪共犯论处。

6. 警察对黑社会性质组织的所作所为“睁一只眼闭一只眼”，构成何罪？

案 情

袁某是一名中共党员，任某镇派出所所长。2019 年至 2020 年期间，袁某所管辖区的谢某通过非法放贷、强揽工程等，攫取巨额经济利益，逐步形成以其本人为组织领导者的黑社会性质组织。该组织成员中的积极分子张某、李某、杨某等人直接听从谢某支配调遣，负责联系雇佣外地闲散人员，为强揽工程聚众造势、实施寻衅滋事等行为。以谢某为首的黑社会性质组织严重干扰和破坏了当地的经济、社会生活秩序，曾被多次举报。但是，身为警察的袁某因害怕被打击报复，采取“睁一只眼闭一只眼”的态度，不制止、不查处，小镇民众苦不堪言。那么，袁某构成犯罪吗？构成何罪？

解　析

袁某的行为构成纵容黑社会性质组织罪。《刑法》第二百九十四条第三款规定了包庇、纵容黑社会性质组织罪。包庇、纵容黑社会性质组织罪，是指国家机关工作人员包庇黑社会性质的组织，或者纵容黑社会性质的组织进行违法犯罪活动的行为。根据《最高人民法院关于审理黑社会性质组织犯罪的案件具体应用法律若干问题的解释》第五条规定，“包庇”，是指国家机关工作人员为使黑社会性质组织及其成员逃避查禁，而通风报信，隐匿、毁灭、伪造证据，阻止他人作证、检举揭发，指使他人作伪证，帮助逃匿，或者阻挠其他国家机关工作人员依法查禁等行为。“纵容”，是指国家机关工作人员不依法履行职责，放纵黑社会性质组织进行违法犯罪活动的行为。

在上面的案例中，袁某身为人民警察，明知以谢某为首的黑社会性质组织从事违法犯罪活动，但出于忌惮，害怕被打击报复，对危害社会与百姓的黑社会性质组织犯罪视而不见，其行为已构成纵容黑社会性质组织罪，应受到相应的处罚。

法　条

《中华人民共和国刑法》

第二百九十四条第三至五款　国家机关工作人员包庇黑社会性质的组织，或者纵容黑社会性质的组织进行违法犯罪活动的，处五年以下有期徒刑；情节严重的，处五年以上有期徒刑。

犯前三款罪又有其他犯罪行为的，依照数罪并罚的规定处罚。

黑社会性质的组织应当同时具备以下特征：

（一）形成较稳定的犯罪组织，人数较多，有明确的组织者、领导者，骨干成员基本固定；

（二）有组织地通过违法犯罪活动或者其他手段获取经济利益，具有一定的经济实力，以支持该组织的活动；

（三）以暴力、威胁或者其他手段，有组织地多次进行违法犯罪活动，为非作恶，欺压、残害群众；

（四）通过实施违法犯罪活动，或者利用国家工作人员的包庇或者纵容，称霸一方，在一定区域或者行业内，形成非法控制或者重大影响，严重破坏经济、社会生活秩序。

《最高人民法院关于审理黑社会性质组织犯罪的案件具体应用法律若干问题的解释》

第五条 刑法第二百九十四条第四款规定的“包庇”，是指国家机关工作人员为使黑社会性质组织及其成员逃避查禁，而通风报信，隐匿、毁灭、伪造证据，阻止他人作证、检举揭发，指使他人作伪证，帮助逃匿，或者阻挠其他国家机关工作人员依法查禁等行为。

刑法第二百九十四条第四款规定的“纵容”，是指国家机关工作人员不依法履行职责，放纵黑社会性质组织进行违法犯罪活动的行为。

第六条 国家机关工作人员包庇、纵容黑社会性质的组织，有下列情形之一的，属于刑法第二百九十四条第四款规定的“情节严重”：

（一）包庇、纵容黑社会性质组织跨境实施违法犯罪活动的；

（二）包庇、纵容境外黑社会组织在境内实施违法犯罪活动的；

（三）多次实施包庇、纵容行为的；

（四）致使某一区域或者行业的经济、社会生活秩序遭受黑社会性质组织特别严重破坏的；

（五）致使黑社会性质组织的组织者、领导者逃匿，或者致使对黑社会性质组织的查禁工作严重受阻的；

（六）具有其他严重情节的。

7. 公务员工作懈怠、玩忽职守给群众带来重大损失的，构成何罪？

案 情

汤某是S县公安局F派出所副所长。2016年5月17日，F派出所辖区发生了一起故意伤害案，田某、王某等人持刀将周某砍成重伤（周某后被鉴定为重伤二级），汤某系该案件的具体承办人。汤某接到案件后非常不负责任，借处理其他突发事情之机，把该案件抛于脑后，既不追踪掌握情况，也未将案件移交刑侦部门处理。没多久，在逃的田某、王某等人又实施了抢劫、伤人、杀人等恶性犯罪，使人民群众的生命和财产遭受重创。并且，这些犯罪多为跨省犯罪，给侦破工作带来了很大的难度。那么，像汤某这样，工作懈怠、玩忽职守给群众带来重大损失的，构成何罪？

解 析

玩忽职守罪是指国家机关工作人员严重不负责任，不履行或者不认真履行职责，致使公共财产、国家和人民利益遭受重大损失的行为。值得注意的是，玩忽职守罪要跟一般的工作失误区分开来：工作失误的公务员在主观上是没有过失的，损失结果的发生是由于其工作能力有限、业务水平不高、判断失误等原因造成的；而玩忽职守罪的行为人在主观上是存在过失的，即行为人应当预见自己玩忽职守的行为会致使公共财产、国家和人民的利益遭受重大损失，因为疏忽大意而没有预见，或者已经预见而轻信能够避免。《刑法》第三百九十七条对玩忽职守罪作出了明确规定，触犯此罪的，轻则拘役，重则高达七年有期徒刑。本案中，汤某身为派出所副所长，在办案过程中玩忽职守，严重不负责任，放任辖区内的犯罪行为，不管不顾，对犯罪分子打击不力，给群众带来重大伤害和损失，应以玩忽职守罪论处，依法承担相应的刑事责任。

法　条

《中华人民共和国刑法》

第三百九十七条　国家机关工作人员滥用职权或者玩忽职守，致使公共财产、国家和人民利益遭受重大损失的，处三年以下有期徒刑或者拘役；情节特别严重的，处三年以上七年以下有期徒刑。本法另有规定的，依照规定。国家机关工作人员徇私舞弊，犯前款罪的，处五年以下有期徒刑或者拘役；情节特别严重的，处五年以上十年以下有期徒刑。本法另有规定的，依照规定。

《最高人民法院、最高人民检察院关于办理渎职刑事案件适用法律若干问题的解释（一）》

第一条　国家机关工作人员滥用职权或者玩忽职守，具有下列情形之一的，应当认定为第三百九十七条规定的“致使公共财产、国家和人民利益遭受重大损失”：

（一）造成死亡1人以上，或者重伤3人以上，或者轻伤9人以上，或者重伤2人、轻伤3人以上，或者重伤1人、轻伤6人以上的；

（二）造成经济损失30万元以上的；

（三）造成恶劣社会影响的；

（四）其他致使公共财产、国家和人民利益遭受重大损失的情形。

具有下列情形之一的，应当认定为刑法第三百九十七条规定的“情节特别严重”：

（一）造成伤亡达到前款第（一）项规定人数3倍以上的；

（二）造成经济损失150万元以上的；

（三）造成前款规定的损失后果，不报、迟报、谎报或者授意、指使、强令他人不报、迟报、谎报事故情况，致使损失后果持续、扩大或者抢救工作延误的；

（四）造成特别恶劣社会影响的；

（五）其他特别严重的情节。

图书在版编目（CIP）数据

国家工作人员应知应会法律知识学习手册：以案普法版 / 中国法制出版社编．—北京：中国法制出版社，2021.6（2022.2重印）

（公民法治素养提升丛书）

ISBN 978－7－5216－1922－5

Ⅰ．①国… Ⅱ．①中… Ⅲ．①法律－中国－通俗读物 Ⅳ．①D920.5

中国版本图书馆 CIP 数据核字（2021）第104126号

责任编辑 程 思　　封面设计 李 宁

国家工作人员应知应会法律知识学习手册：以案普法版

GUOJIA GONGZUO RENYUAN YINGZHI YINGHUI FALÜ ZHISHI XUEXI SHOUCE：YI AN PUFABAN

经销/新华书店

印刷/三河市国英印务有限公司

开本/880 毫米×1230 毫米 32 开　　印张/ 11　字数/ 198 千

版次/2021 年 6 月第 1 版　　2022 年 2 月第 2 次印刷

中国法制出版社出版

书号 ISBN 978－7－5216－1922－5　　定价：36.00 元

北京西单横二条 2 号

邮政编码 100031　　传真：010－66031119

网址：http：//www.zgfzs.com　　**编辑部电话：010－66066620**

市场营销部电话：010－66033393　　**邮购部电话：010－66033288**

（如有印装质量问题，请与本社印务部联系调换。电话：010－66032926）